人もお金も引き寄せる

伝え方の魔法

安達元一
Motoichi Adachi

すばる舎リンケージ

はじめに

あなたは「伝え方」がちゃんと出来ていますか?
あなたの中に埋まっている魅力を、周囲にきちんと伝えなければもったいないですよ。

あなたは素敵な人間です。
大丈夫です。自信を持ってください。

たまに仕事を怠けてしまったり、ちょっと落ち込んじゃったり、誰かに腹を立てたりもするかもしれませんが、それもご愛敬です。それも含めてあなたです。
誰もが、他の人にない魅力を、自分の中に持っています。あなたの中にも絶対にあります。でも、それは伝えなければ意味がありません。
正確に伝えましょう。
誤解を受けないように伝えましょう。
さらに魅力が増すように伝えましょう。
そうでなくては、あなたの持っている魅力に対して失礼ですよ。

「伝え方」は人生を左右するスキル

かつてないほど、あなたを伝える場所が増えています。

「ＬＩＮＥ」
「ブログ」
「メール」

「Ｆａｃｅｂｏｏｋ」
「ＹｏｕＴｕｂｅ」
「ツイッター」
「インスタグラム」　など

もちろんこうした発信のみならず、日常生活でも伝える必要だらけです。

「会社での報告」
「お得意様との交渉」
「仲間との飲み会」
「ママ友との会話」
「恋人とのやりとり」
「友達とのバカ話」
「家族の団らん」　など

日常のすべてが「あなたという人間の本当の姿＝魅力」を伝えるシーンだらけです。そしてこれは逆に危険でもあるのです。伝え方を間違えれば、あなたが誤解され、せっかくのあなたの魅力を損なうばかりか、恨まれたり陰口を叩かれたりする危険性もあるのです。

それほど「伝え方」は大切なのです。

「伝え方」をちょっと変えるだけで、人もお金も引き寄せる

私の友人で、大物社長や人気芸能人にモテモテのモデルがいます。彼女の容姿はモデルの中ではごく普通です。群を抜いて美しいというわけではありません。しかし彼女は、驚くような有名人のハートをいつもワシ掴みにしています。それはちょっとした「伝え方」がうまいからなのです。
たとえば男性と食事の約束をした時、その返信メールの最後に

「○日○時、楽しみにしています」

なんて、あなたは書きませんか？　これでは至って普通、伝え方としては感心出来るものではありません。そのモデルの彼女は、こう伝えます。

「○日○時、楽しみ**だね**」

たったこれだけの違いで、彼女はいつも男性からモテモテなのです。
「楽しみにしています」と「楽しみだね」の違いがわかりますか。「楽しみだね」の方が、圧倒的に親密度が増していて、あなたと一緒の時間を過ごしたいという気持ちが表れているのです。

こんな簡単な「伝え方」のコツさえつかめば、あなただってすぐモテモテになれますよ。

「伝え方の魔法」で、あなたの人生も変わる

もうひとつ、こんな例を……。

私の弟子でHという男がいます。彼よりいい発想をする弟子はたくさんいます。彼より素晴らしい才能を持つ弟子もたくさんいます。でも私の仕事は、ほぼすべて彼のところに行きます。

さらに、いまや彼は大手企画会社の社長です。言っては失礼ですが、たいした能力もないのに、彼はなぜそこまで出世したのでしょうか?

それも彼の「伝え方」がうまいからなのです。

彼は会話の最後に、ある簡単な一言を伝えるだけ、それだけです。

クライアント（もしくは上司）から、仕事を依頼された時、あなたはこんなふうにやりとりしていませんか？

上司「じゃあ、この件、来週までにヨロシクね！」
あなた「わかりました。よろしくお願いします」

別に悪いわけではありませんね。問題はありません。普通です。
でもこれでは、先輩から引きも切らずに仕事が舞い込み、会社の社長にまでなることは出来ません。
彼の返答は違います。本当に簡単な一言を最後に伝えるだけなのです。

上司「じゃあ、この件、来週までにヨロシクね！」
弟子Ｈ「わかりました。よろしくお願いします。**ありがとうございます**」

……これだけです。

「ありがとうございます」を最後につけるだけなのです。

あなたのまわりにもいませんか？　たいして能力があるわけでもないのに、いつもみんなから愛されて、トラブルに巻き込まれるわけでもなく、なんだか出世もスイスイしちゃうヤツって……。

それは「伝え方の魔法」を使っているからなのです。

彼のように、どんな時も「ありがとうございます」を最後につけるだけで、それが実現しちゃうのです。そんな簡単なことです。

あなたにも今日から出来ますよね。ぜひやってみてください。1日2日ではなにも変わりません。でも3カ月続けてみてください。周囲のあなたを見る目が絶対に変わります。あなたの毎日も変わります。これは保証します。

伝え方をちょっと工夫するだけで、人生を変えることが出来るのです。

テレビの最前線で25年間ヒットを生み出し続けた「伝える技術」の集大成

自己紹介が遅れました。

この「伝え方の魔法」を、あなたにこっそり教えるのが私、安達元一です。テレビの世界の最前線で25年間、放送作家として活躍してきました。

「踊る！さんま御殿‼」「奇跡体験！アンビリバボー」「ＳＭＡＰ×ＳＭＡＰ」「とんねるずのみなさんのおかげでした」「ダウンタウンのガキの使いやあらへんで‼」「ドラえもん」「笑ってコラえて！」「ぐるナイ」「笑っていいとも！」など、たくさんの人気番組に携わってきました。

１週間の担当番組の合計視聴率が、２００％を超えたことから「視聴率２００％男」

と呼ばれたこともあります。
ありとあらゆる企画を人気番組になるように世の中に伝え、ありとあらゆる芸能人をどう世間に伝えたら人気者になるかを考え、さらには、ありとあらゆる商品をどう伝えたらヒット商品になるかを考えてきました。
つまり「伝えるプロ」として、25年間最前線で成果を出し続けてきた、私の伝える技術の集大成がこの本なのです。

この本の中には、実際にあの人気芸能人が使っている自分の伝え方や、あの有名社長が売り上げをアップするために使っている商品の伝え方など、私が選び抜いた「魅力的に伝える魔法」が詰まっています。

どれも簡単に使えて効果は抜群です。

自分を変えるなんて大変です。自分は変えなくていいんです。あなたの伝え方を変えるだけで劇的な変化が現れます。

自分の「伝え方」さえ知れば、仕事・人間関係・恋愛・家庭、人生のすべてがうまくいきますよ。

この本を読み終える頃には、人にもお金にも好かれるあなたになっていることでしょう。

さあ、ワクワクしながらページをめくってください。

Contents

人もお金も引き寄せる 伝え方の魔法　もくじ

第2章　どんな相手からもYESを引き寄せる技術

第3章　会話が盛り上がって止まらなくなる伝え方

第4章 文章・スピーチが10倍効果的になる！ コトバを磨く技術

第5章　仕事で結果を引き寄せる 伝え方の魔法

第1章

人にもお金にも好かれる伝え方

01

伝え方をちょっと変えるだけで結果は大きく変わる

誰でもマネできる小さな習慣で、人にもお金にも恵まれる

どんな仕事をしていても、「人に可愛がられるスキル」はすごく大切です。

「あの人とまた会ってみたい」「次もあの店員さんから買いたい」「もう一度あの人と仕事をしてみたい」、そんなふうに可愛がってもらえると、多くの仕事が回ってきますし、チャンスにも恵まれるようになります。

もちろん、そんな人は、まわりの誰からも応援されるようになりますし、なにか困ったことがあった時にも助けてもらえるようになります。将来、出世しやすくなるでしょうし、収入も安定的に増えていくことでしょう。

私が長らく携わったテレビ業界、とくに放送作家にとっても、「人に可愛がられること」は必須のスキルと言っても過言ではありません。

世間一般のイメージで言うと、放送作家には「企画力」や「文章の上手さ」が最も重要と思われているかもしれませんが、そんなことはありません。

それよりも、相手から可愛がられるかどうかが大切なのです。

実際に私のまわりにも、企画書を全然書けない、台本を書いてもまったく面白くないのに、まわりから可愛がられることで、ひっきりなしに仕事が舞い込み、売れっ子になっている放送作家がいます。

彼はいったいなにが違うのでしょうか?

伝え方ひとつで人にもお金にも好かれる

まわりから可愛がられる人、なぜかいつも煙たがられる人、その違いは、ズバリ「伝え方」です。

違いと言っても、大きな違いではありません。よく見ないとわからない、ちょっとした違いです。言われてみると、「なーんだ、そんなことか」と拍子抜けするような、誰でもマネできることなのです。

先ほどの売れっ子放送作家も、なぜ可愛がられ、仕事がひっきりなしに舞い込んでくるかというと、**相手を気持ちよくする、ちょっとした「伝え方」の技術**を使っていたからなのです。

実際にあったシチュエーションをご紹介しましょう。

ある日、某テレビ番組の会議が終わったあと、プロデューサーがその放送作家を誘いました。

「今度の日曜なんだけどさ、ゴルフ行ける？」

いかがでしょう？　どうやって答えればいいのでしょうか？

プロデューサーと仲良くなれば、仕事もしやすくなりますし、いい仕事が優先的に回ってきやすくもなります。正直、願ってもないチャンスです。断る理由など、どこにもありません。「はい、喜んで！」と答えるのが普通なのかもしれませんが……あなたならどう答えますか？

その放送作家は、こんなふうに答えるのです。

「今度の日曜日ですか？　あいにくスケジュールが入っているんですが、ほんのちょっとだけ待っていただけますか？」

そう言いながら、会議室から廊下へ出ていきます。スケジュール帳を開き、携帯でどこかへ電話をかけている素振りです。

そして再びプロデューサーのいる会議室へ戻ってきて、こう言うのです。


「……スケジュール、空けました！

ぜひ連れて行ってほしいので、なんとかしました！」


もうお気づきだと思いますが、本当はスケジュールなんてガラ空きです。

でもそれを、正直に伝える必要などありません。たとえガラ空きでも、もったいつけて言うのがポイント。**〝あなたのためになんとかした〟という「小さな恩」**を売ることが出来ますし、プロデューサーは「俺のためにそこまでしてくれるとは、なんて可愛いヤツだ」と感じるわけです。

伝え方を変えれば、評価も変わる

でも中には、そんなまどろっこしいやり方をせずに、「はい、喜んで！」とストレートに伝えた方がいいのでは？ と思う方もいるかもしれません。

結論から言うと、それは違います。自分という存在を安売りしてはいけません。誘われた時に、もし「はい、喜んで！」と即答していたら、プロデューサーは「あれ？ コイツは才能がないから暇なのかな？」と思ってしまうかもしれません。いつでも時間の都合がつく人、時間が有り余っている人は、とても優秀とは評価されませんよね。

ちなみに、超一流エステティシャンの、たかの友梨さんには、こんなエピソードがあります。

サロンを始めたばかりの頃、1週間に数人しかお客さんがいないのに、お客さんの希望する予約の日をわざと断っていたと言います。なぜでしょう？

ここという日を決め、その日にあえて数人のお客さんを集中させることで、「ここは繁盛している〝人気サロン〟なんだ」と思わせたのだそうです。

誰だって閑古鳥が鳴くところよりも、なかなか予約が取りにくいサロンの方に行ってみたいですよね。

「多少お待たせするかもしれませんが、この日でしたら、どうにか予約できます」

「じゃあ、それでお願いします」

おそらく、こんなやりとりがあったのかもしれません。

ゴルフに誘われた売れっ子の放送作家も、サロンの予約の場合も「本当は忙しいんだけど、あなたのためになんとか時間を作りました！」という姿勢で「小さな恩」を相手に感じさせたんですね。

その結果として、可愛がられる放送作家に、また行ってみたいと思われるサロンになったわけなんです。

特別感を演出する

実はこの手法、あなた自身も「恩を売られる側」として体験したことがあるはずです。思い当たるフシはありませんか？

ヒントは、「家電量販店」です。そう、家電量販店での「値引きのやりとり」です。

あなたもこんなふうに言ったことがあるでしょう。

「お兄さん、もう少し安くしてくれない？」

その時、店員のお兄さんは、しかめっ面で電卓を見つめながら、なにやら思案していたはずです。

ところが、値引きの額など最初からある程度は決まっているんですね。イエスかノーか、本当は即答出来るはずの簡単な答えなのです。

でも店員さんは、即答なんかしません。もったいつけて時間をかけて電卓を叩いたり、あるいは「私が上の者と掛け合ってみます。少しだけお待ちいただけますか？」とか言いながら、一度バックヤードに消えていきます。

そして戻ってくると、先ほどよりちょっとだけ安い金額を提示して

「今回は特別に頑張りました。これがギリギリの値段です！」

と言うわけですね。

こう伝えられたあなたは、さぞかし心地よかったでしょう。「この店員さん、いい人だな」と感じるでしょうし、次も同じ店員さんから買いたいと思うでしょう。

まさに、この店員さんも「人から可愛がられる伝え方」が上手なんですね。

魔法 01

相手にあなたのために〝頑張った〟を演出してみる

〈日常生活での応用〉

実は最初からＯＫなのに……

・本当はダメなんですけど、いつもお世話になっているのでＯＫにします！

・それは難しいな～、でも私がなんとかします！

・疲れてるんだけど……まあいっか、お前のために行こう！

・え～ダメだよ、でも今回だけは特別だよ！

伝え方を工夫するだけで、人もお金も寄ってくる

伝え上手になると、いいことがいっぱい!

02

誰からも好かれる人になる「魔法の2文字」

たった2文字をつけるだけで、一生好かれる習慣

「誰からも好かれるいい人」、――なりたいですよね。
「みんなに嫌われるイヤな人」、――なりたくないですよね。
でも、どうしたら「いい人」になれて、「イヤな人」にならずに済むのでしょうか？
かなり難しいテーマな気がしますが、実は簡単なことなんですよ。
単純な習慣ひとつで、それが決まってくるのです。

伝え方に敏感になる

具体的に説明しましょう。

たとえば、いつも行くコンビニに、ちょっとイケメンの店員が入ったとします。そんな時、こう話しませんか?


×ねえ、ねえ、いつものコンビニに、イケメンの店員が入ったのよ〜!


この言い方は、あまりよくありません。この伝え方がすんなりと、違和感なく感じてしまうとしたら、ちょっと危険かもしれませんよ。

では、どうすればいいのでしょうか?

先ほどの文章に、たった2文字の言葉を入れるだけです。

正解は、これです。

○ねえ、ねえ、いつものコンビニに、イケメンの店員さんが入ったのよ〜！

「なんだよ、たったそれだけのことかよ！」と思うかもしれませんが、たったこれだけの違いが、あなたを、誰からも好かれるいい人にする一歩なんですよ。

×それはＡＤに頼めばいいじゃん！
○それはＡＤさんに頼めばいいじゃん！
×タクシー運転手が道に迷ってさ〜
○タクシー運転手さんが道に迷ってさ〜
×スゴイ腕の美容師がいるんだよ。
○スゴイ腕の美容師さんがいるんだよ。

といったカンジです。「さん」がつくだけで、話している人が素敵に感じるでしょう？

他人を呼び捨てにする人って、なんかイヤじゃないですか。つまり

「まわりの人に、感謝しているか？」


ということです。

会社の上司、先輩同僚、取引先の方、家族など、直接あなたの毎日に関わる人に感謝するのは当然でしょう。

それに加えて、直接関係ない人、あなたの人生には直接影響を及ぼさない人たちにも、感謝の気持ちを持って接することが出来ているかが重要なのです。

その場にいない人にも、呼び捨てにしないで、ちゃんと「さん」をつける。

そうすることで、目の前にいる相手も、あなたのことを信頼しますし、好きになりますよ。

「誰からも好かれるいい人」になるには、「どれだけ相手に感謝出来るか」が大切な

のです。そして、それを言葉として、しっかり伝えることが出来る人が、まわりから好かれるいい人なのです。

私もいつも実践しています。タクシーを降りる時は運転手さんに、必ず「ありがとうございます」と言っています。レストランで料理を運んできてくれたウェイトレスさんにも、コンビニの店員さんにも。

あなたもぜひやってみてください。

魔法 02

まわりの人に感謝することで、あなたは素敵な人になれる

03

美輪明宏さんと孫正義さんの恐ろしくシビれる一言

相手をファンにするウイットに返す技術

美輪明宏さんとご一緒した時間は、恐ろしくシビれる時間でした。

私は幸運にも、美輪さんとレギュラー番組をやらせていただき、そのスゴさを間近で感じることができました。

初めての番組収録の日、美輪さんがピンクがお好きということでスタッフ一同、サムシングピンク（ファッションにひとつピンクのアイテムを取り入れること）で待っていました。

そこに〝魔界の風〟を伴って美輪明宏さん登場です。

「美輪さんのコーナーを担当させていただくことになった作家の安達元一です」

と、ご挨拶したら、なんと返ってきたと思います？
普通は「よろしくお願いしますね」「一緒に頑張りましょうね」とかじゃないですか。
でも美輪さんの伝え方はこうでした。

「美輪さんのコーナーを担当させていただくことになった作家の安達元一です」
美輪さんはにっこりと笑って……

「あらあなた、それはとんだ災難ね〜」

シビれませんか？　このチャーミングなウイット！
こんな返し方が出来るようになると、人間離れした魅力がついてくるのですかね？
あなたも参考にしてみてください。

悪口にもユーモアで返す

ソフトバンクの最大の広告塔は、ＣＭの犬のお父さんでもなく、樋口可南子さんでもなく、上戸彩さんでもなく、孫正義さんだと思います。孫正義さんの考え方、生き方、伝え方が、多くの人を引きつけているのではないでしょうか?

私が孫正義さんのファンに一瞬でなってしまった究極の伝え方があります。

それは孫さんのツイッターです。見ず知らずの一般人からのツイートに、かなりマメに返答をしているのです。それだけでもファンになりそうですが、そのコメントが最高なのです。

ある時、ちょっと心ないツイートがありました。それは「髪の毛が後退しているぞ!」という主旨の、孫さんの頭髪についてからかった書き込みです。そんなのは無視してもいいのに、孫さんはこう返したのです。

「髪の毛が後退しているのではない。私が前進しているのである。」

……どうですか？　この伝え方、ファンになっちゃいませんか⁉
「髪の毛が後退しているのではなく、私の圧倒的な前進に、髪の毛がついて来られないのだ」ということですよ。素晴らしいですよね！
あなたもマネてみましょう。人からちょっとムカつくことを言われても、目くじら立てて反論しちゃダメですよ。孫さん流のウイットで返すことが出来たら、あなたも孫さんクラスの成功が手に入るかもですよ。

魔法 03

ウイットに富んだ伝え方を心がけよう

04

「たとえ話の題材」を相手の好みや趣味にする

知らぬ間に相手をファンにする技術

相手が知らないうちに、あなたを好きになってしまう「魔法の伝え方」をお教えしましょう。

特に、あなたが「上司に高く評価される」ためにも、役に立ちます。同期やライバル達と同じような実力でも、この伝え方ひとつで、評価が上がるのです。

どんな方法なのか?

それは、**「たとえ話の題材を、相手の好みや趣味にする」**ということです。

野球が好きな人には野球のたとえ話を

たとえば、野球が大好きな上司がいたとします。その上司とお酒を飲みに行った時、部下のあなたと、こんな会話があったとしましょう。

〈普通の伝え方〉

上司「ウチの会社の製品、君はどう思う？」
部下「たしかに大手にかなわない部分があるかもしれません。ですが、ウチの会社は課長を含め、現場のたたき上げが多いじゃないですか」
上司「そうねぇ」
部下「社員一同、地道にコツコツ、やるスタイルって、誇りだと思うんです。そういう会社は、客を裏切りませんし、ここぞという時には強いと思うんです！」

上司「そんなもんかな～」

これは普通ですね。ではこれを野球好きの上司に好かれる伝え方に変えてみましょう。

〈気に入られる伝え方〉

上司「ウチの会社の製品、君はどう思う？」

部下「たしかに大手にかなわない部分があるかもしれません。ですが、ウチの会社は課長を含め、現場のたたき上げ**選手**が多いじゃないですか。たとえば、**広島カープ**みたいに」

上司「カープか、いいねぇ」

部下「社員一同、地道にコツコツ、**繋いで点を取る**スタイルって、誇りだと思うんです。そういう**チームプレー**が出来る会社は、よそと違って**ファン**を裏切りませんし、ここぞという時には強いと思うんです！」

上司「お前、わかってるねぇ～」

野球ファンの上司の顔が輝いてくるのが目に浮かぶようですね。

好きな趣味でたとえられて、気を悪くする上司はいません。きっと、あなたのことを他の同期たちより「いいヤツ」だと認識するでしょう。当然ですが、いいヤツに対する評価はおのずと高くなるものです。

人は自分の好きなことを話すのが楽しい

たったこれだけのことですが、こうした伝え方が出来る人は成功を手にするでしょう。なにか、おべんちゃらを使っているようで気が引けると思う人がいるかもしれませんが、そう思う必要はありません。ぜひ、相手の好きなことを話題の中に盛り込んでください。自分が好きなことをわかってくれる人というのは、一気に親近感がわくものです。

ただ、注意してほしいのは、話すたとえ話が付け焼き刃ではいけないということ。そんなに詳しくもないのに、適当なたとえ話をしてしまうと、逆に思い切り反感を買います。

「この上司からの評価を上げたい」と思ったら、その好みをキッチリ勉強することが重要なのです。最近はＳＮＳなどで自分の趣味を公開している人も多いので知るのは簡単ですよ。

魔法 04

相手の趣味の話題をふってあげると、あなたは「いい人」になる

相手が好きなことを話題にする

●野球が好きな上司には……

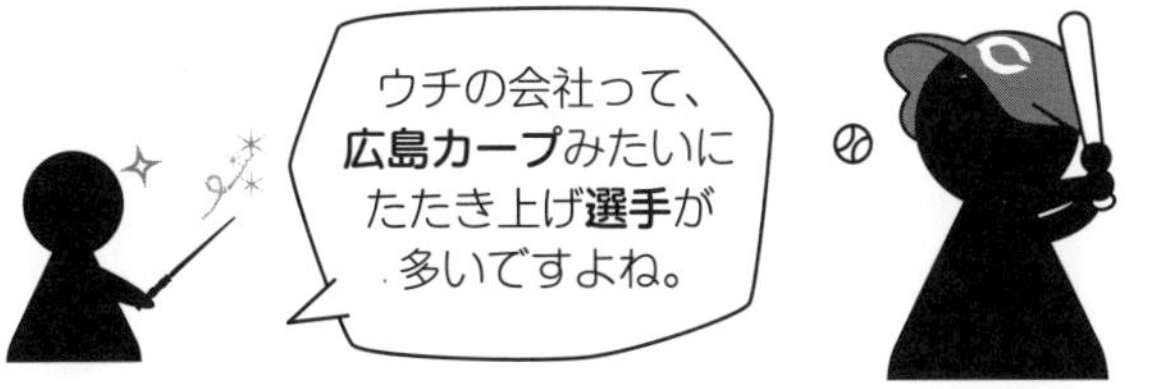
ウチの会社って、
広島カープみたいに
たたき上げ選手が
多いですよね。

●マンガが好きな部下には……

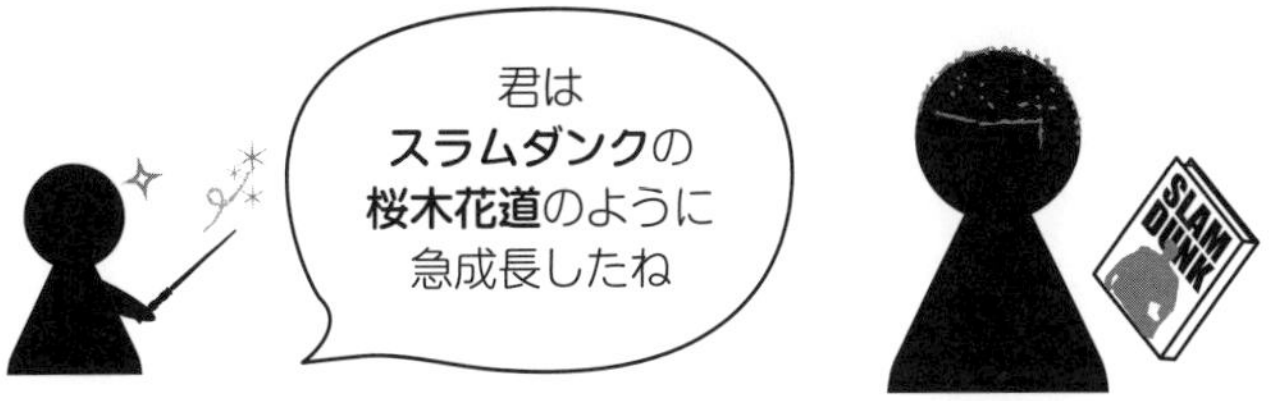
君は
スラムダンクの
桜木花道のように
急成長したね
SLAM DUNK

●ラーメン好きな人には……

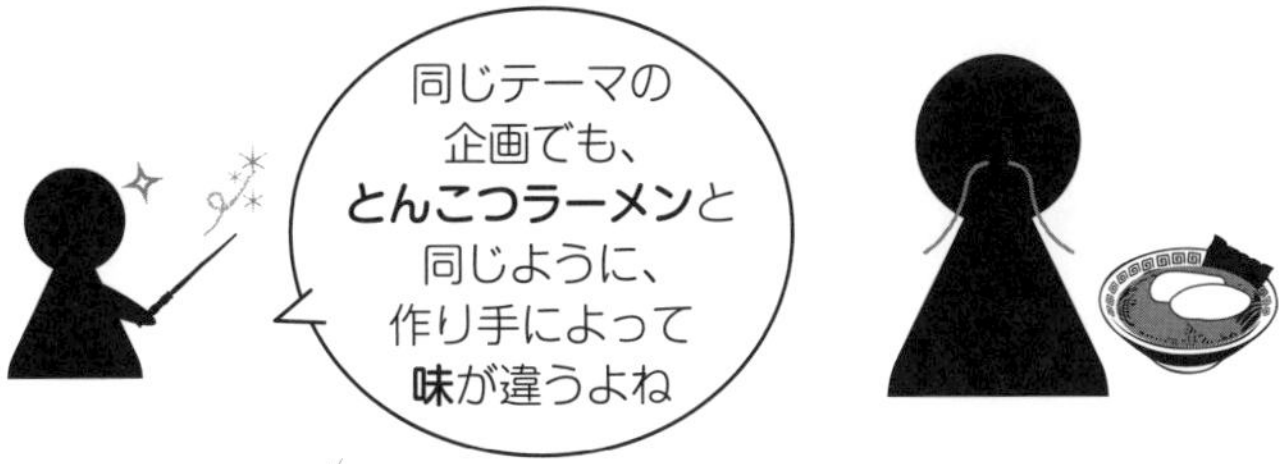
同じテーマの
企画でも、
とんこつラーメンと
同じように、
作り手によって
味が違うよね

相手のツボをつけば、人にもお金にも好かれる!

05

ＨＫＴ48指原莉乃さんに学ぶ相手の立場に立つ伝え方

自分のことばかり話さない

２０１５年ＡＫＢ48選抜総選挙で２回目の１位を獲得した時の指原莉乃さんの伝え方が際立っていました。

通常、このような場面では、

「みなさんのおかげで今回は素敵な順位を〜〜」

「正直くやしいです、来年こそ〜〜」

などのように、感謝の気持ちやくやしい気持ちを表したコメントになります。でも、指原さんが言ったのは次のようなものでした。

「今年は、こんなに自分に自信のない指原が1位になることができました。

全国の自分に自信のないみなさん、私のように、いじめられて、ひきこもりになって、親に迷惑をたくさんかけてしまったみなさん、日の当たっていないみなさん、私は、もう一度1位になることができました。

（中略）

私は落ちこぼれです。選ばれた人間ではありません。全国の落ちこぼれのみなさん、私の1位を、どうか自信に変えてください」


胸を打ちますね……。

そう、指原さんは、「自分のことではなく、相手のことをしゃべっている」のです。

「私の感想」を述べるのではなく、「ファンの背中を押している」のです。

相手の立場から伝える

多くの人が、自分のことだけ語りがちです。
自分のことを知ってもらう、自分の意見を伝えるため、もちろんそれは大事なこと
なのですが、時には相手の立場を考えた伝え方が出来ると、あなたはさらに人の心を
打つ会話が出来るようになります。

部下が仕事でミスした時

×「これじゃ会社に迷惑がかかるだろ」（自分のこと）
○「どうした、なにか問題でも抱えているのか？」（相手のこと）

みんなで残業して疲れた時

△「いや〜、疲れた」（自分のこと）

○「いや〜、疲れたよな？」（相手のこと）

クレーマーに苦情を言われた時

×「私では、わかりかねます。担当の者を」（自分のこと）

○「それは、お困りですね。担当の者を」（相手のこと）

レストランで美味しい料理を食べた時

△「とても美味しかったです」（自分のこと）

○「素晴らしい料理を作ってくれてありがとう」（相手のこと）

恋人に別れを告げられた時

×「そんな、俺の気持ちはどうなるんだよ？」（自分のこと）

○「そうか、悲しい思いをさせたかな？」（相手のこと）

仕事がなかなか決まらず、夕暮れの歩道橋から町をションボリ見下ろす時

×「なんで私が……」（自分のこと）

○「でもみんなつらいんだよな」（相手のこと）

いかがでしょうか？　相手の立場に立って伝えることが出来れば、相手の心を動かすことができて、すべてがうまくいきますよ。

魔法 05

多くの人が「私が！　私が！」を言いすぎ。相手の気持ちをちょっと考える余裕を持とう

伝え方の極意は、相手を主語にすること

●自分が主語

●相手が主語

相手の立場に立って伝えれば、すべてがうまくいく

第2章

どんな相手からも YESを引き寄せる技術

06

「無理なお願い」を通す2つの技術
①一度ハードルを上げる

同じ頼み事でも聞いてもらえる人とそうじゃない人の差はなにか？

誰かに「無理なお願い」を頼みたい時、あなたならどうしますか？「そんなことを頼むのは悪いよ」というのは重々承知だけど、頼まなければいけない時ってありますよね？

そんな場合、申し訳なさそうに低姿勢でお願いしますか？

それとも難しいことに気づかないふりをして事務的に頼みますか？

あるいは、いっそ諦めてしまうでしょうか？

相手の気分を害さずにお願い出来る

これにも使える方法があります。

本来、頼まれる相手にとっては面倒なことを、その気分を害さずにお願い出来るという伝え方です。

たとえば、部下に「締め切りが5時」の急ぎの仕事を頼みたい時、普通はこんなやりとりが交わされるはずです。

上司「この仕事、5時までになんとかしてほしい！」

部下「ちょっとムリですよ～」

そりゃそうですよね。そもそも無理なお願いなんですから。

では、どう頼めばいいのでしょうか？　「伝え方の魔法」を使うと……

上司「この仕事、4時までになんとかしてほしい！」
部下「絶対ムリですよ！」
上司「4時はキツイか〜。……じゃあ、5時までになんとかすればいいから」
部下「……それなら、頑張ってみます」

おわかりですね。最初に、ハードルを上げて想定よりもさらに無理な条件でお願いして相手に断らせて、次にハードルを下げて自分が条件をゆずって、再びお願いしただけです。

こうなると、いくら無理なお願いでも部下は考えざるをえなくなります。なにせ上司が一度は折れているんですから。どんな部下でも「ゆずってくれた上司」に対して、悪い気持ちは持ちません。むしろ「私のために折れてくれたんだ」と、好意的な気持ちになってくれるのです。

これは値段交渉の時などにも使えますね。

A「これ１０００円にして！」
B「１０００円はきついですよ。儲けが出ませんよ」

普通はこうなります。しかし「伝え方の魔法」を使うと……

A「これ７００円にして！」
B「そんな！　７００円はきついですよ。それじゃ赤字ですよ」
A「わかった。赤字はさすがに悪いから１０００円出すわ！」
B「仕方ないな〜。ＯＫですよ」

という具合になります。
一度ハードルを上げて、見せるのです。最初から正直に言ってはダメなのです。

最後の着地点より厳しい条件を先に突きつけて、それではかわいそうだからと、結局、最初から想定していた着地点で満足させるのです。

ストレートに伝えない

使えるのは社内だけではありません。家族や友人など親しい関係でも役立ちます。やむをえず無理を通したい時は、こんなふうに頼んでみてはいかがでしょう。たとえば、妻が夫に家事を手伝ってほしい時は……

妻「今日、やることが多くてさ。洗濯と掃除、お願いしてもいい？」
夫「ええ？　そんなに出来ないよ！」
妻「そうよね、大変よね。……だったら、洗濯は私がやるから、掃除だけ、お願いしてもいい？」

夫「……まぁ、それぐらいなら、ＯＫかな」

こんなふうに頼まれて断れる旦那さん、いませんよね。きっと快く引き受けてくれるでしょう。むしろ、いつも家事を頑張ってくれている奥さんに対して、感謝の言葉をかけてくれるかもしれません。

いかがです？　最初から、掃除だけしてもらえればＯＫなのです。それをストレートに掃除だけお願いするのではなく、いったん洗濯もつけて提示して、途中で洗濯をハズすことにより、作業が減ったと思わせて、ＯＫを引き出すのです。

人は、ゆずられることで、自分も相手に対して何かしなくてはと思うのです。

魔法06

一度キビしくしてから優しくすると、人はＯＫしてしまう

07

「無理なお願い」を通す2つの技術

②まずホメる

最初に一言ホメるだけで、相手も気持ちよくやってくれる

もうひとつ、無理なお願いをしたい時に有効なのが「まず、ホメる」というテクニックです。

たとえば部下に、予定になかった仕事を振りたい時、普通なら……

上司「○○社へ出す見積もり、今日中にお願い出来るかな？」
部下「え、今日中ですか？　突然ですね……。わ、わかりましたけど……」

なんだか仕方なくＯＫですよね。後でうらまれそうです。より円滑に、より優良

な人間関係を築きつつ、お互いに気持ちよく仕事をするためには、こう伝えましょう。

上司「君は仕事が早いから、いつも助かってるよ～。
　○○社へ出す見積もり、今日中にお願い出来るかな？」

部下「ありがとうございます！　頑張ります」

おわかりですね。頼む前に「まず、ホメる」、たったこれだけなんです。
いきなり無茶な注文をされるのと、これまでの自分の仕事ぶりに対し高い評価を得てから振られるのと、どっちが気持ちいいですか？　つまりはそういうことです。

ホメられて、嫌な人はいない

友人同士だとこんな感じになるでしょうか。

たとえば、急に決まった飲み会の幹事を頼まなくてはいけなくなった時は……

A「週末の幹事、頼んでもいい？」

B「えーっ、なんで俺が!?」

普通に頼むとこうなってしまいますが、次のように伝えたらどうでしょう。

A「お前の仕切りって、いつも好評なんだよ。助かってるわ～。
週末の幹事、また頼んでもいいかな？」

B「まぁ、しょうがないな。やるよ」

ホメられて嫌な気になる人はいませんよね。
だから一言、ホメ言葉を添えるのです。

魔法07

相手を気分よくさせればOKは引き出せる

〈日常生活での応用〉

・これを頼めるのは君しかいない。期待しているからやってくれ！
・いつも本当にスゴイよね～。これもお願いしていい？
・この前、頑張っていたよな～。今回も頑張ってくれる？
・よっ天才！　日本一！　いや世界一！　神が認めた男！　……これやって！

08

数字ではなく、物語を語る

人は数字ではなく、物語に心を動かされる

私は放送作家として、テレビショッピングもたくさん作りました。放送作家が、ショッピング番組で何をするのかというと、「その商品の魅力を最大限に引き出して伝える」ことです。

同じ商品でも、その伝え方によって、まったく別の物になってしまいます。もちろん売上げも天と地ほど変わってくるのです。

実際にあった例を紹介しましょう。

これは、ある梅干し屋さんのショッピングでした。

×この紀州産の梅干し、樹齢30年の梅の木から穫れた、50ミリ以上の大玉を使い、5%の減塩ダレにつけ込んで、年間800kg生産されている梅干しなんですよ。

……どうですか、この梅干し欲しくなりましたか？　なんだかよくわかりませんよね。数字ばかり並んでイラッとしませんか？

そうなんです。**「数字だけで人の心は動かない」**のです。

だから、伝え方を変えてこう売りました。そして、大ヒット梅干しになりました。

○この紀州産の梅干し、実は地元の農業高校の生徒さんたちが実習で手伝って作っているんです。学校の勉強の傍ら、暑い夏の日も、凍える冬の日も、農家のお爺さんとお婆さんと一緒に育て上げた梅なのです。農業に青春を賭ける若者の、梅干し甲子園出場作品なのです。

これでドカンと売れました。

そういうことなのです。「数字より物語」なのです。**その商品に、どんな情熱、思い、物語が詰まっているか、それが人の心を動かすのです。**つまり

人は「なに」にではなく「なぜ」に動かされるのです。

この伝え方は、あなたの日常生活の中でも、どこにでも使えます。具体例で見ていきましょう。

まず、わかりやすいように「そんな伝え方する人はいないよ」という、極端な例から行きましょう。

×この前、食べたパスタ、200gもあったのに、680円で、頼んで3分で出て来るし、ベーコンも厚さが1・5㎝くらいあって美味しかったの！

こんな言い方はしませんよね。そんな数字では美味しさが伝わらないことは、当たり前ですよね。

○この前、食べたパスタ、シェフがイタリア修行で師匠から伝授された秘伝のレシピなんですって。しかもベーコンも伝統の技法で作った自家製らしく、最高だったわ！

ほら、ずっと美味しそうになりましたよね。「数字ではなく物語」、こういうことです。次は、もうちょっと日常生活の中でやってしまいそうな失敗です。

×先週の日曜日、潮干狩りに行ったんですよ。東京から2時間もかかったけど、アサリが100個以上獲れて面白かったですよ。

イマイチ伝わりませんね。こう言い換えたらどうでしょう？

○先週の日曜日、潮干狩りに行ったんですよ。久しぶりに家族とでっかい海を眺めながら汗をかいたら楽しかったですよ。帰りの夕陽もキレイでした。

聞いている方さえ微笑ましくなるような、キレイな風景が目に浮かびそうですね。

「数字ではなく物語」なのです。

自分の言葉に、数字がたくさん出てくるようなら要注意

これは自己紹介などの時にも表れますよ。

×○○大学を出て、××病院に勤めています。年間の臨床数が5万を超える激務で、睡眠時間も3時間くらいしか取れないですが、ひとりでも多くの患者を救おうと頑張っています。

まあ、いいですよ、頑張っているんでしょう。でも、こういう側面から語ったらどうでしょう？

○××病院に勤めています。高校生の頃、母親をガンで亡くして、こんな悲しい思いは自分以外の人にはさせたくないと思い医師になりました。ひとりでも多くの患者を救うことが、母への弔いであり、自分の使命だと思って頑張っています。

どうですか？　どっちの医師にあなたなら診てもらいたいと思いますか？

伝えることとはそういうことなのです。自分の伝え方に、なんだか数字がたくさん出てくるようなら要注意です。

人は数字ではなく、物語に心を動かされるのです。

あなたの、情熱、理念、信念、熱い意思、物語を語りましょう。
口ベタでもいいのです。それが語れれば、あなたは最高の伝え手になっているはずです。

魔法08

人の心を動かすには情熱、理念、信念、熱い意思、ストーリーを語れ

人は数字ではなく、ストーリーで動く

●数字で語る人

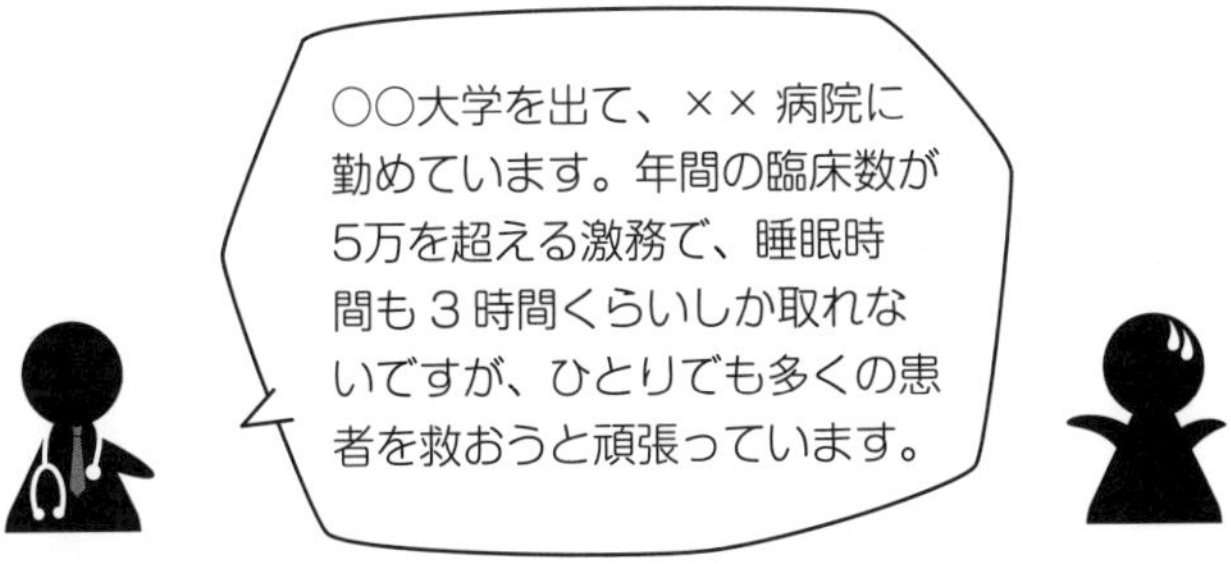

●ストーリーで語る人

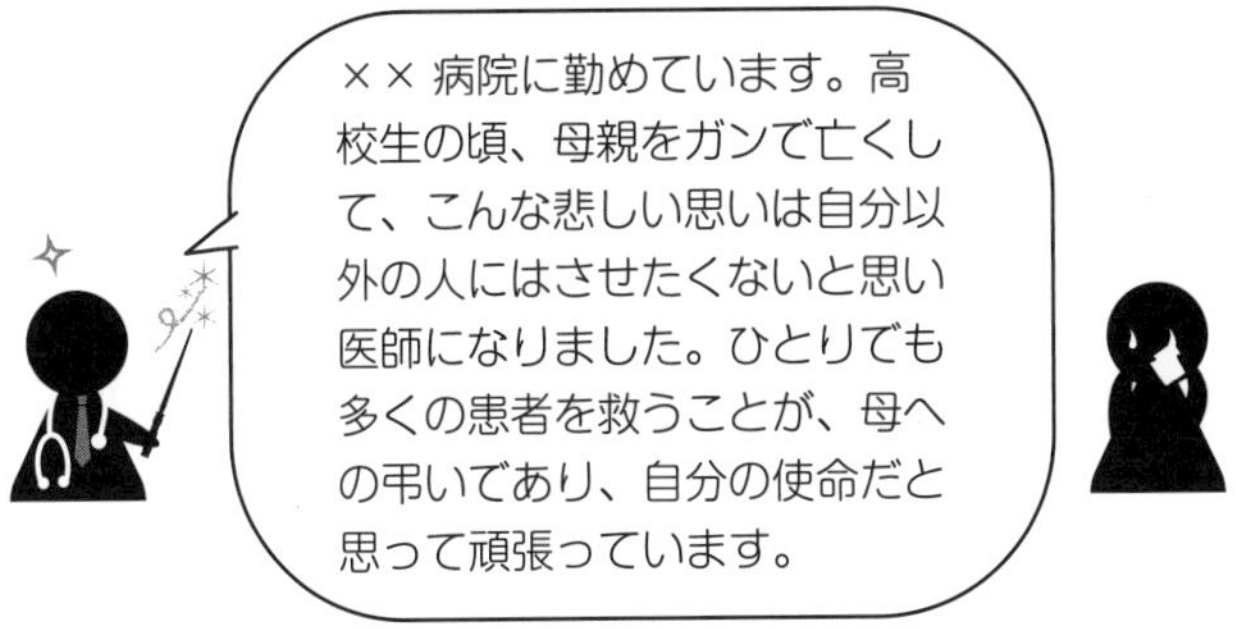

口ベタでもいいから、あなたの物語を語ろう

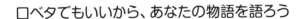

09

明石家さんまさんに思わず「YES」と言わせた秘策とは？

利害関係より人間関係を優先する

明石家さんま師匠には本当にお世話になりました。「踊る！さんま御殿!!」では、番組の企画&立ち上げから参加して、私の放送作家生活の大部分を共有させていただきました。

ちょっと余談になりますが、みなさんご存知でしたか？　明石家さんまさんは天使なのです。あの人は人間ではないのです。とにかくいつも元気、明るい、寝ない、しゃべり続ける、ポジティブ、天真爛漫な子供のようです。一家に1人さんまちゃんがいたら、日本が平和になるのではないかと、私は真剣に考えています。

さて、そんなさんまさんと仕事が出来るようになったキッカケは、〝ガースー〟でお馴染み、菅賢治プロデューサーはじめ、「日本テレビさんま口説き班」が、さんまさんの番組出演を説得してきてくれたからです。その時のエピソードにも、伝え方の魔法が潜んでいます……。

当時、日本テレビにはさんまさんの番組がひとつもなく、なんとか明石家さんま司会の番組を作りたいと、交渉に臨んだそうです。

普通だったらどうするでしょうか？　事務所に電話を入れて、スケジュールをとってもらって、会議室をとって、企画書を前に、打ち合わせでしょうか？

でも、そんな普通なことをしたら、あのさんまさんの気持ちが動くわけがありません。そこで、こんな伝え方をしたそうです。

さんまさんのラジオ番組収録に、黙って3カ月間、見学に通ったのです。「一緒に仕事がしたい」などとは一言も言わずに、深夜の収録に毎回お邪魔したのです。

そんなことをされたら、さんまさんも気になりますよね？「あいつらなんなんだろう？」って……。

そして3カ月後のある日
「お前ら、なんやねん？」
と、ついに話しかけてくれたそうです。
そこで返した一言が、伝え方の魔法でした。

「ファンなんです。お友達になってください」

そこでさんまさんは腰くだけになって「まあええわ、お茶でも行こうか！」と、後に数々の伝説を作る交流が始まったそうです。

素敵な話ですよね。
ここにも、あなたにも使える伝え方のテクニックを発見することができます。
やはり、大切な物事を動かすには「〇〇しましょう」「〇〇お願いします」「〇〇の計画を聞いてください」などと、焦ってお願いするのはダメということです。

まずは人間関係、信頼関係を作るのが大切なのです。

さんまさんに
「お前ら、なんやねん？」
と言われた時に
「日本テレビの菅と申します。今回ぜひ、うちの社でも番組を〜〜〜」
などと答えたのでは見向きもされなかったでしょう。そこで
「ファンなんです。お友達になってください」
と返したのが、まずは人間関係、信頼関係を大切にしたいという、情熱として伝わったのでしょう。だからＹＥＳが引き出せたのだと思います。

魔法 09

利害関係より、人間関係を優先して伝えよう

10

松田聖子さんとYoshikiさんを意のままに操った伝え方

嫌がる相手に無理難題を通す技術

テレビの仕事には、「台本打ち合わせ」というものがあります。

本番前に、台本の内容を「ここはこんなふうに」とか、「こういうイメージで」と、タレントと確認していく作業です。

この台本打ち合わせの時にも、ちょっとしたテクニックがあります。もしかしたら余談になるかもしれませんが、参考までにご紹介させていただきましょう。

それは「タレントを意のままに操り、ＹＥＳと言わせる伝え方」です。

ＴＶタレント、特にお笑い芸人さんは、我々スタッフが「やってください」ということを、なかなかやってくれないことがあるんですね。

もちろん、新人や若手はそんなことはありません。ベテラン、大御所と呼ばれる芸人さんにその傾向があります。「バカヤロウ、お前らの考えたことなんて素直にやってやらないぞ」という、芸人としてのプライドなのかもしれません。

ですが、スタッフも時間をかけ、練りに練って企画を作っています。どうすれば面白くなるか？　考え抜いた末に台本にしているわけですね。なのに、芸人さんはなかなかＹＥＳと言わない……。

どうしたらいいのでしょうか？

答えは相手に言わせる

そんな時は、「あえて核心の部分を伝えない」という伝え方をします。

伝えないという伝え方？　意味がわかりませんよね。
どういうことかというと、台本打ち合わせの時にスタッフは、ワザと馬鹿なフリをして「本当にやってほしいこと以外のアイデア」をどんどん提案するんです。
正解のゴールには、あえてそれに気づかないフリをして、そのちょっと手前の部分で止めておく。そうするとどうなるか？

芸人さんは、必ず自分からこう言います。

「そうじゃないんだよ！　〇〇をやればいいんだよ」

〇〇の部分は、まさに我々スタッフが当初から考えていたアイデアです。

たとえば……
このコントでは、ぜひハゲヅラ（ハゲのカツラ）をかぶってほしい時。

最初から楽屋にドンとハゲヅラを置いておいたのでは「なんだよベタだな〜。ハゲヅラはないんじゃないの？」と、言われてしまうのが目に見えています。

こんな時、あえてハゲヅラは置かずに、チョビヒゲ、ステッキ、ちょんまげ、長靴、はらまき、ステテコ、などを置いておくのです。

そうすると芸人さんは「どれもちょっと違うな〜。お前らまだまだだな〜。おいハゲヅラ持ってきてくれる！　こういう時はハゲヅラだろう」と言い出すのです。

それを私たちスタッフは「さすがそうですね〜。気づきませんでした！　ハゲヅラ最高ですね」と、あらかじめ用意しておいたハゲヅラを持ってくるのです。

これで円満解決です。

ポイントは、**本当の正解を本人の口から言わせること**。いくら信頼しているスタッフとはいえ、人に指示されたアイデアより、自分で思いついたものの方が芸人さんも自信が持てるわけです。芸人さんの自尊心が満たされ、気分よく本番を迎えられるというわけです。

二枚舌作戦も時にはあり

もうひとつ、大御所タレントを意のままに操ったエピソードを紹介させてください。

それは、松田聖子さんと、Ｙｏｓｈｉｋｉさんに、ＹＥＳと言わせたケースです。かなりの大スターでしょう? 普通に話をするのもドキドキのレベルですよね。

その企画は、松田聖子さんがロサンゼルスのＹｏｓｈｉｋｉさんの豪邸をレポートするというものでした。

でも、松田聖子さんに「ロスまでロケに行ってください」と言うのも申し訳ないし、Ｙｏｓｈｉｋｉさんに「テレビで豪邸を公開してほしい」と言うのもハードルが高そうです。でも最終的には、２人とも喜んで「ＹＥＳ」と言いました。こういう伝え方をしたからです。

松田聖子さんには

「Ｙｏｓｈｉｋｉさんが、どうしても聖子さんにロスの自宅に遊びに来てほしいと

言っています」

と伝え、

Ｙｏｓｈｉｋｉさんには

「松田聖子さんが、どうしてもＹｏｓｈｉｋｉさんの家に遊びに行ってみたいと言っています」

と伝えたのです。

これで２人とも満面の笑みでＯＫ！　ものは言い様なのです。こんな、二枚舌作戦も時にはありですよ！

魔法10

相手の自尊心をくすぐるとＹＥＳが出てくる

11

島田紳助さんの異性にOKを言わせる伝え方

相手にNOと言わせない極意

島田紳助さん、覚えていますよね。数々の大ヒット番組の司会を務めた売れっ子タレントでした。私も「世界バリバリ☆バリュー」「ダウトをさがせ！」など、紳助さんの番組はたくさん担当させていただきました。

その紳助さんですが、ああ見えて、ロマンチストでものすごくモテモテだったのです。テレビでもよくご自身で話していたから、ご存じの方も多いですよね。

そしてなにより紳助さんがモテた要因は、その話術です。

あの天才的トークは、計算しつくされたもので、女性を口説く技術も、心理学者顔負けだったそうです。

そんな紳助さんの伝え方の中から「異性にＯＫと言わせる極意」を、ご紹介しましょう。もちろんこれは、あなたが女性でも使えるノウハウなので安心して読んでください。

「異性にＯＫと言わせる極意」は、つまり「異性にＮＯと言わせない極意」なのです。

まずはダメな伝え方です。


×私の恋人になってください。


告白の時に使ってしまいそうなフレーズですが、これはダメです。

「私の恋人になってください」は、運がよければＯＫですが、ＮＯという返事が返ってくる可能性もあるからです。

少し冷静に考えてみれば、完全にＮＯの人はいずれにしてもＮＯですが、ＹＥＳと言い切れない人もこの聞き方ではＮＯと言ってしまいます。相手にＮＯと言わせることが極力ないようにするのが大切なのです。

ではこんな言い方はどうでしょうか。

× あなたのことが好きです。

これも告白の時などに使いそうな言葉ですが、あまりよくありません。

これを言われた方も、なんと答えていいのかわかりません。「……ありがとう」と言われ、YESもNOも言えない中途半端な状態になってしまいます。

それでは島田紳助さん流の、相手にほぼYESと言わせる伝え方はどうでしょうか。

○ あなたのことを好きでいていいですか?

だそうです。どうですか、この表現。私たちのような一般人がおいそれと思いつくものではありませんが、計算しつくされた伝え方だと思いませんか。

相手にも好きという感情がある場合は、もちろんYESが返ってきます。

しかし、好きかどうかわからない場合、さらには好きでない場合でさえ「あなたのことを好きでいていいですか?」、こんなふうに聞かれたらＹＥＳと言ってしまうのではないでしょうか。少なくとも悪い気はしませんよね。

こうしてＯＫが出る可能性が低い告白でも、相手の口からＹＥＳという言葉を引き出し、次につなげていくというのが紳助さん流なのだそうです。

ＮＯという言葉には否定的な感情が伴います。しかしＹＥＳという言葉には、肯定的な感情が伴います。

最初はあまり好きでなかったとしても、ＹＥＳという言葉を言わせ続けることによって、そのうち好きにさせるという、用意周到な恋愛トークテクニックなのです。

相手のYESを引き出すエクササイズ

さてこの紳助さんテクニックを、私たちにも出来るレベルで使ってみましょう。エクササイズしていきますよ。

まずは、典型的にダメな言い方です。

×付き合おうよ〜。なんでダメなの？

「なんでダメなの？」、なんて相手にダメの理由を言わせてどうするんですか。あなたと付き合うのがダメな理由を強く認識させるだけです。

ではどう聞いたらいいでしょうか。相手にNOという選択肢がなくなる聞き方を考えてみてください。

考えましたか？　たとえばこんなのはどうでしょうか。

○付き合おうよ〜。スゴイいいことたくさんあるよ。たとえば……

相手にNOと言わせるスキを与えない作戦です。付き合うと起きるいいことを並べ立てて、素敵な未来をイメージさせる伝え方です。

マイナスを考えさせるヒマを与えず、魅力的なベネフィット（約束）を連発してその気にさせていく——これもかなり有効な伝え方です。

では、こんな例は……

×ピザ食べに行こうよ。

普通に言ってしまいそうなセリフですが、これも実によくない伝え方です。
たとえば、あなたと食事に行くのはＯＫだとしても、仮にピザが食べたくなかったら、この聞き方ではＮＯが返ってきますね。つまりピザを食べたくないだけなのに、あなたとのデートさえＮＯにしてしまうかもしれない、かなりよくない聞き方なのです。

ではこんな聞き方にしたらどうでしょう。

○ピザと焼き肉とお寿司、どれに行く？

これはかなり用意周到に計算された素晴らしい聞き方です。

ＮＯという選択肢がかなり減らされています。たとえあなたとのデートがあまり乗り気でなくても「ピザと焼き肉とお寿司」どれか食べたいものがあったら、ついそれを言ってしまいそうです。つまりデートがＯＫになるのです。

ではもう一つ。

×来週水曜日会える？

こういう聞き方もＮＧですよ。あなたに会いたかったとしても、水曜日がＮＧなら答えはＮＯになります。

こんな聞き方をしたらどうでしょう。

○いつ会える？　会える日教えて！

これならＮＯは出ませんよね。

好きな感情があってもＮＯという言葉が口から連発されたら、気分は知らず知らずのうちに否定的になっていくものです。

とにかく気になる異性の口から、どんな意味があるにせよ「ＮＯ」という言葉を言わせてはいけませんよ。ＮＯという選択肢がなくなる聞き方を心がけてみてください。

魔法11

相手がＮＯと言えなくなる質問をする

第3章

会話が盛り上がって止まらなくなる伝え方

12

テレビバラエティに学ぶ「相手を引きつけて離さない」伝え方

「Q&A法」で相手の脳を飽きさせない

あなたはテレビのバラエティ番組を、ワッハッハと笑いながら気楽に見ていますよね？　もちろんそれでいいのです。テレビなんて娯楽ですから、マジメに正座して見る必要なんて、まったくありません。寝っ転がって、ポテチでも食べながらご覧になってください。

でも、そのテレビを、大の大人が眉間にシワを寄せて、うんうん唸りながら「この1秒はどう見せようか、次の1秒はどう見せようか」と真剣に考えているのが、私たちテレビマンなのです。

そこにはテレビ界の先人から受け継いだ「視聴者に飽きずに見てもらうためのノウ

ハウ」があります。だから、スマホやネットがシェアを拡大する時代でも、まだテレビも消滅せずに見ていただけているのです。

そんなノウハウの中から、あなたの日頃の会話に役立つ、相手を引きつけて離さない話し方が出来るようになる簡単な方法を、ひとつお教えしましょう。

×銀座にイチゴを使った最新スイーツがあります。

この伝え方は、相手を引きつけない、かなりよくない伝え方です。

では、どうしたら「テレビ的な万人の興味を引きつける伝え方」に、出来るでしょうか？

これは重要だから覚えておいてください。

「すべての伝え方は**〝Q＆A〟なのです**」

「Question & Answer＝質問と解答」、これが伝え方の大基本です。

「質問を投げかけて、答えを教える」、これが、相手を引きつけて離さないためには重要なのです。

わかりやすい例を出しましょう。


×私は25歳です。


これは、聞いている側になんの疑問も抱かせない普通の伝え方ですよね。

こういう表現をテレビの世界では「スルッと伝えすぎ（なんの引っかかりもない）」「ザンナイ表現（もったいない表現）」と言います。

では、どうしたらいいでしょうか？　簡単なひと工夫だけです。これが正解です。

○私、いくつに見えます？　25歳です。

簡単でしょう？　相手の心の中に「Q」を灯せばいいだけです。

「なんだろう？（Q）」と興味を持たせて前のめりにさせて「あ、そっか！（A）」

という伝え方をすればいいだけです。

「私、いくつに見えます？（う〜ん、いくつだろうな？）」

「25歳です（そっか、25歳か！）」

です。


そもそも人間の脳というのは、実は「ボーッ」っとしていて、疑問を投げかけてあげて、やっと興味を持つのです。

では「× 銀座にイチゴを使った最新スイーツがあります」、これはテレビの情報番組なら、どう伝えるでしょうか？　正解は……

日本一のグルメの街は、どこだと思います？（Q）
それは銀座！（A）

その銀座で最近話題の店があります、それは……（Q）
最新スイーツショップです！（A）
一体なにを使ったスイーツでしょう？（Q）
なんとイチゴ！（A）
しかもそのイチゴがスゴいんです……（Q）

というふうに続いていきます。これが「Q＆A法」なのです。この例は、ちょっと、難しかったですよね。だって何十年もかけてテレビの世界で練り上がられた実例ですから。

でも、このQ＆A法は日常生活の中で簡単に使えるんですよ。
「スルッとした、残念な伝え方」をいくつか出します。これを、相手の心をつかんで離さない「Q＆A法」で伝えると、どうなるでしょう？

× 恋人とケンカして最悪ですよ。

×夏は暑くてダメで苦手です。
×この前、海で潮干狩りをして楽しかったです。
×上司がサービス残業しろって困りましたよ。
×最近ダイエットにハマっています。
×日本代表が勝って最高に嬉しいですね。

別に悪くはないですが、普通の伝え方です。これをQ＆A法にすると、人の興味を引きつける伝え方に変わります。

×恋人とケンカして最悪ですよ。
○最悪のことがあったんですよ（なんだろう？）……恋人とケンカしたんですよ。

× 夏は暑くてダメで苦手です。
○ 夏は苦手なんです（なんだろう？）……暑いのダメなんですよ。

× この前、海で潮干狩りをして楽しかったです。
○ この前、海で楽しいことがあったんですよ（なんだろう？）……潮干狩りをしたんですよ。

× 上司がサービス残業しろって困りましたよ。
○ 上司が困ることを言うんですよ（なんだろう？）……サービス残業しろって言うんですよ。

× 最近ダイエットにハマっています。
○ 最近ハマってることがあるんです（なんだろう？）……それはダイエッ

ト！

×日本代表が勝って最高に嬉しいですね。
○最高に嬉しいことがあったんです（なんだろう？）……日本代表が勝ったじゃないですか！

どうですか？　このQ&A方式にすることにより、相手が身を乗り出してあなたの話を聞いてくれるようになるのです。ぜひ、試してみてください。

魔法12
テレビ界の究極奥義「Q&A法」を使え！

13

初対面で、なにを話したらいいかわからない時の切り抜け方①

相手が勝手にしゃべって止まらなくなる魔法の3ワード

親しい友達や、毎日顔を合わせる仕事仲間は、あまり緊張することもなく、無理に話題を探すこともなく、話すことはそれほど難しくないですよね。

ところが、初対面で、相手がよくわからない場合などは、なにを話したらいいか悩むことが多いのではないでしょうか？

かくいう私も、パーティーなどは苦手です。特にビジネス懇親会など、特につながりのない人たちの中に入って、なにか会話をしなくてはいけない時は困るものです。完全なピンチですね。

さあ、そんなピンチを救う3つのワードがあります。この3つの言葉さえ使えば、初対面で話題に困ることを楽々と切り抜けられますよ。そのワードとは……


「詳しく聞かせてください」

「スゴイですね！」

「ホントですか？」


この3ワードです。

初対面で名刺交換から始まったとしましょう。

名刺交換がない場合は「お仕事はなにをされているんですか？」、この質問だけしてください。

そこから先は、3ワードで会話は、簡単に楽しく転がっていきますよ。

あなた「○○の仕事ですか……、**詳しく聞かせてください**」
※たとえその仕事に関心がなくても興味津々のキラキラした目で聞きま

しょう。

相手「私の仕事は……（仕事の内容を話してくれます）」

あなた「それは、**スゴイですね！**」

※たいして珍しくない普通の仕事でも、スゴイですね～と盛り上げてみましょう。「スゴイですね！」の代わりに「大変ですね」でもＯＫです。

相手「そんなことないですけどね～（ちょっと持ち上げてもらって、気持ちよく詳しい仕事の話をしてくれます）」

あなた「それ、**ホントですか!?**」

※あまり興味がなくても、自分と違う仕事の話ですからなにか知らないことは、必ずあるものです。そこを「ホントですか？」で、話をさらに促しましょう。

相手「そうなんですよ……（興味を持ってもらって、さらに気持ちよく仕事の内容を話してくれます）」

うっとり頬を紅潮させ、話が止まらなくなる相手の顔が目に浮かぶようです。「今度飲みに行きますか?」そんな言葉も飛び出しそうです。
もちろん仕事の話でなくてもいいんですよ。趣味の話でも、旅行の話でも、恋愛の話でも、家族の話でも……、「詳しく聞かせてください」「スゴイですね!」「ホントですか?」、この3ワードで相手に止めどもなく話してもらうことが出来るのです。

つまりこれは

「人は基本的に話を聞いてほしい生き物」だからなのです。

「あなたのことに興味を持っています」
「あなたの話は楽しいです」
「あなたの話をもっと聞かせてください」
「あなたはスゴイですね」

……そんな空気を出されて、嫌な人はいませんよね。

これは「自己承認欲求（私を認めてほしい）」です。

ちょっと話はそれますが、「6ヒューマンニーズ」は、ご存じですか？ 人間には大きく6つの欲求があるのです。この6つのうちのどれか（複数である場合も多い）を満足させてくれる場所に、人は快感を感じ、好んでいたがるのです。

〈6ヒューマンニーズ〉

「安定」……安全で安心していられること
「不安定」……挑戦、いままでにない新しいことにあふれていること
「貢献」……誰かの、世の中の役に立つこと
「自己承認（自己重要感）」……他人から認められること、大切に思われること
「愛とつながり」……素敵な仲間がいること
「成長」……自分が成長出来ること

「詳しく聞かせてください」「スゴイですね！」「ホントですか？」、この３ワードは、人間の６つの根源的欲求のひとつ、「自己承認」を満たす魔法のワードなのです。

あなたもぜひ使って、相手に喜んで話してもらってください。

「なにを話したらいいかわからない」なんて、気まずい空気はもう味わう必要がなくなりますよ。

魔法13

目をキラキラさせ、相手に興味を持てば、会話は絶対に盛り上がる

この3つのワードで会話が止まらなくなる

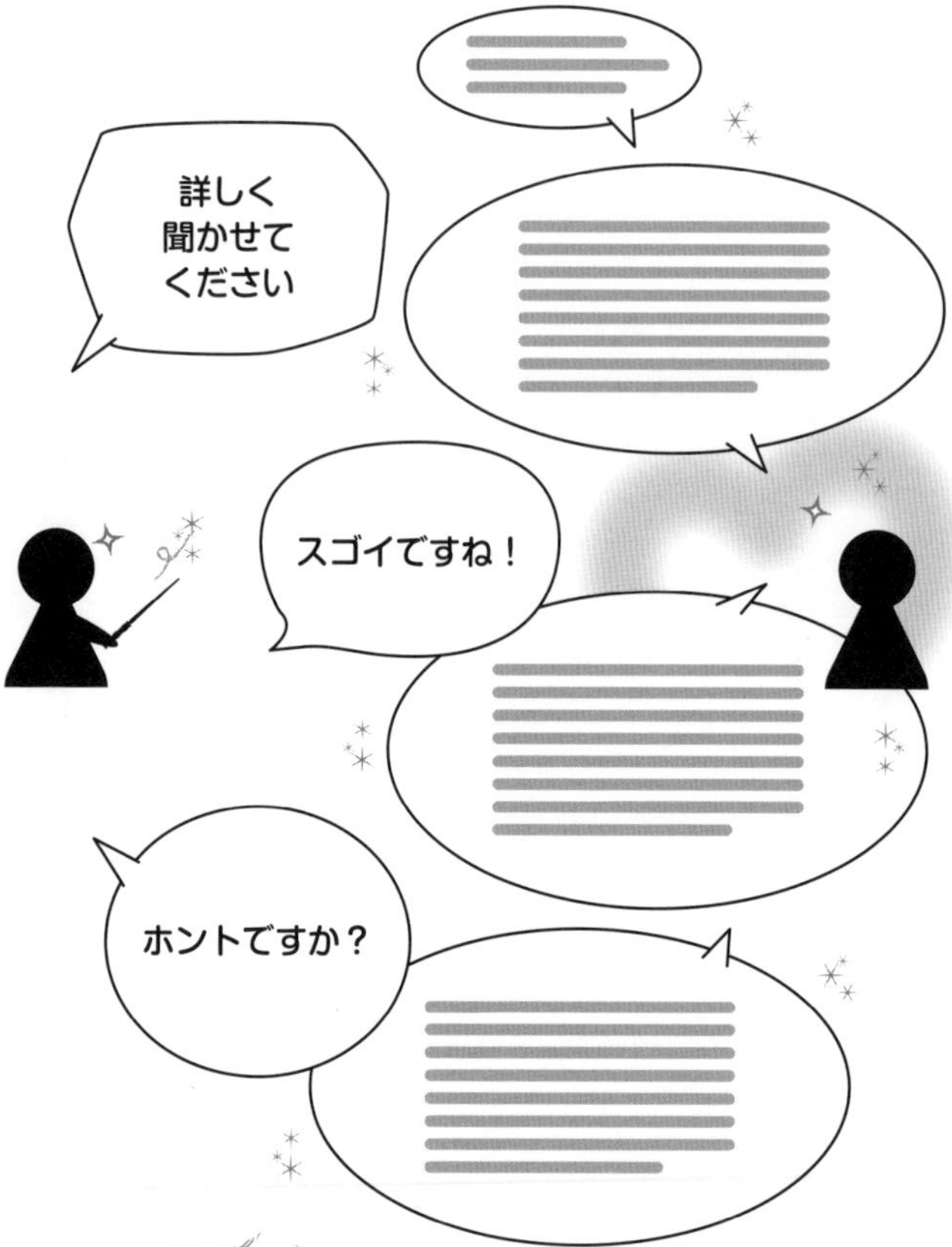

相手の「認めてほしい」に答えよう

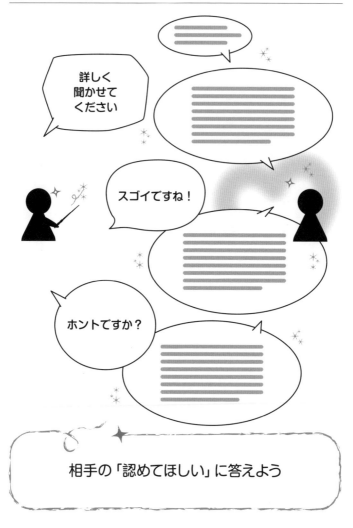

14

初対面で、なにを話したらいいかわからない時の切り抜け方②

自分の話を相手に楽しく聞いてもらう必勝トークテーマ

「相手に気持ちよく話してもらう」方法はわかりましたね。

でも、こうなると、ちょっとあなたの話も聞いてほしいですよね。

でも相手は、３マジックワード「詳しく聞かせてください」「スゴイですね！」「ホントですか？」を身に付けたあなたほど、聞き上手でないことがほとんどでしょう。

そんな時でも、相手に楽しく聞いてもらう方法はあるのです。

よくある話し方の本では「天気の話はテッパン（間違いなく盛り上がる）」とか、

出てきますよね。パーティーなどで出会った初対面の人に「最近、寒い日が続きますね〜、と話しかけましょう」という具合です。
でもそんな話をしたら、それこそ「寒い」ですよね。「あ、この人、なに話したらいいかわからなくて、天気トーク作戦に出ているんだ」と、逆に足元を見られてしまいます。「初対面の人には天気の話をしよう」は、もうポピュラーすぎて死んだメソッドなのです。

さて、どうしたらいいでしょうか？
その答えはテレビのトーク番組にありました。
私は25年間の放送作家生活で、ありとあらゆるトーク番組を作ってきました。
その中で、どのトーク番組でも絶対にハズさない最強のテッパンテーマがあるのです。
それは……

「やっちまった、私の失敗談」

です。

やはり「失敗談」は、最強なのです。過去の番組でも、現在の番組でも変わりません（きっと未来の番組でも変わりません）。

司会者が、明石家さんま師匠でも、局アナでも、新人芸人でも変わりません。「失敗トーク」は、絶対にウケるのです。

やはり、カッコつけた「いい話」は人を引きつけません。明石家さんま師匠などは、ゲストがちょっと感動しそうな、いい話をしようものなら「はい、そんないい話はいりません、ここ全部カットで！」と、それを笑いにしたりします。

「カッコ悪い失敗話」は、あなたの自己開示です。親近感がわくと同時に、同情が生まれます。「人間臭い人だな〜」と、あなたのことを好きになってもらえるのです。

「愛すべきバカ」は、最強の会話のネタになるのです。

なのでキッカケは「聞いてくれます？　この前、失敗したんですが……」。これで、あなたの失敗談を話しましょう。それで、相手は楽しく聞いてくれます。

ちなみに私の失敗談、先日あった話ですが……


「聞いてくれます？ この前、失敗したんですが……

日曜日に久しぶりに休みだったんですよ。で、いつもほったらかしている子供たちと遊ぼうと思ったら、長女は友達と映画、長男は友達とサッカー、次男は友達と公園……。せっかくパパが休みなんだから遊ぼうって言ったら、3人そろって『約束しているから無理』ですって。『家族サービス、したい時には家族ナシ』ですよね」


こんな他愛もない失敗談でいいのです。私が家族から虐げられている状況が伝わって、同情とともに「大変ですね、実は私も……」と、相手も話してくれそうです。

なので、あなたもあなたの**必勝失敗エピソードを、ネタとして考えておきましょう。**

その際、大切なことをお教えしましょう。それは……


「オイシイ」

という感覚を身に付けることです。

よく芸人さんが「オイシイ」と言いますよね。たとえば、道を歩いていてコケて笑われた時など「オイシイ」と表現します。失敗は、恥ずかしいことでもなく、隠すべきことでもありません。笑えるオイシイことが起きた、歓迎すべきことが起きたと自慢していいのです。

さあ、あなたも思い出してみてください。あなたの人生の失敗談が、最高の会話のネタになるんですよ。

魔法14

失敗談はオイシイ！ あちこちでシャベろう

15

誰とでも会話が続く「魔法の3ワード」

①〝特別なこと?〟

相手が自慢に思っているところを聞いてあげる

誰とでも会話がとぎれず続くってやはり憧れますよね。

気心の知れた仲間なら沈黙でも苦になりませんが、初対面の相手やまだ関係が深くない相手など、なにを話したらいいかわからず、お互いが会話のきっかけを探すイヤな空気って、たまらないですよね。

項目13でお伝えした「魔法の3ワード」に加えて、さらにワンランク上の「魔法の3ワード」をお教えしましょう。

まず1つ目が……

「特別なこと?」です。

このワードを使うと、会話が自然と盛り上がる可能性が非常に高いです。

使い方はこうです。まず相手をさり気なく観察します。そしてその人のスゴいところ、素敵なところ、自慢に思ってるだろうところを探します。

そして、「特別なこと?」とくっつけるだけです。

たとえばこんなふうに……

「肌キレイですね。なにか特別なことをしているんですか？」
「時計スゴイですね。なにか特別なんですか？」
「ネイル素敵ですね。なにか特別なんですか？」
「スーツ決まってますね。なにか特別なんですか？」
「靴ちょっと変わってますね。なにか特別なんですか？」

といった具合です。

そうすると相手は
「そうなんですよ（よく聞いてくれました！）、実はね〜〜〜」

と喜んでシャベり出します。

人は誰でもちょっと自慢したいものです。ちょっと人とは違うところ、ちょっと特別なところ、を発見してもらったら、嬉しくて会話も止まらなくなるというものなのです。

魔法15

特別なところは、その人のポリシー。そこを質問してどんどん話してもらおう

16

誰とでも会話が続く「魔法の3ワード」
②〝ヒドイですよね……〟

共通の敵を見つけて、楽しく悪口を言う

「特別なんですか?」と質問しろと言われても、どうやっても相手の特別な点が見つからないこともありますよね。そんな時の最強会話術をお教えしましょう。

「ヒドイですよね……」

これはハズシがありません。「共通の敵を見つけて叩く」のです。

本当はあまり言ってはいけないのですが、人の悪口というのは盛り上がるものです。

直接関係のない有名人や芸能人の悪口なら、会話のきっかけに使わせてもらってもバチは当たらないでしょう。こういう具合に使ってみてください。

「ヒドイですよね……あの政治家、妻の妊娠中に不倫はヤバイでしょう」
「ヒドイですよね……あの芸能人、ファンに暴力はヤバイでしょう」
「ヒドイですよね……あの選手、せっかくメダルとったのに薬物使用は」

などなど、最近のワイドショーなどで話題になっている「ヒドイ有名人」のネタを振って、一緒に悪口で盛り上がってしまいましょう。悪いヤツを成敗する連帯意識も芽生えて、会話は無限に続いていくはずですよ。

魔法16

有名人や芸能人の悪口を会話のキッカケにしよう

17

誰とでも会話が続く「魔法の3ワード」
③〝オウム返しの法則〟

自分からは話さず、相手に合わせて返す極意

もうひとつ会話がとぎれない魔法の法則、「オウム返しの法則」をお教えしましょう。
これは相手を、ついついシャベりやすくしてしまう手法です。
やり方は簡単です。
「相手がシャベった単語をもらって、それで質問する」だけです。

相手　「昨日、渋谷に行ったんですよ」
あなた「渋谷ですか、よく行くんですか？」

相手　「最近、物騒なニュースが多いですね」
あなた「物騒ですね。特に気になるニュースは？」
相手　「最近、太り気味なんですよ」
あなた「太り気味ですか？　なにか食べすぎですか？」
相手　「なんか腹減ったな」
あなた「腹減りましたね。食べに行きます？」
相手　「群馬県出身なんですよ」
あなた「群馬ですか。なにが名物ですっけ？」
相手　「営業職を5年やっておりまして」
あなた「営業ですか。どんな営業ですか？」

といった具合です。

自分の言ったことに興味を持ってくれ、聞き返してくれたことにより、相手はぐっとシャベりやすくなります。そしてまた相手がシャベってきた言葉を捉え聞き返す。この繰り返しです。

自分からは行かずに、相手に応じて返す、合気道のようなものですね。会話も武道と一緒かもしれません、日頃の練習が大切です。色々なところで、色々な人と、シャベってみましょうね！

魔法17

相手の言葉を利用すれば、会話はいつまでもとぎれない

第4章

文章・スピーチが10倍効果的になる！コトバを磨く技術

18

コピーライティングに学ぶあなたのコトバを磨く魔術

人を動かすコトバをつくる技術

「コピーライティングなんて、私の生活には関係ないな〜」と思うかもしれません。ですが、コピーライティングには、人にものを伝え、伝えられた側が思わず行動を起こしたくなる要素が、たくさんありますので日常生活に応用できそうなものを、いくつか紹介しましょう。

私の友人に優秀なコピーライターでありセールスプロモーターでもある伊勢隆一郎さんという人がいます。彼は、WEBのセールスで、たった12時間で5億円も売上げたという、驚異的な実績の持ち主でもあり、その言葉のセンスは特筆すべきものがあります。一例を紹介しましょう。

×　100万円を儲ける方法を教えます。

これ、コピーライティングとしてはよくありません。なんの工夫もない、ただの情報です。こんな伝え方では、受け取る人の心を動かすことができません。伊勢さんはこう表現しました。

◯　100万円を儲ける方法が強奪されました！
公開される前に手に入れてください！

どうですか？　思わず今すぐ欲しくなりませんか。この伝え方を聞いた時、私は感動で震えました。

この一文には、聞いてる側の心をつかむさまざまな要素が含まれています。

・強奪されるほど貴重な情報なんだ
・もうちょっとしたら公開されちゃうんだ

・そしたら誰でも使える方法になっちゃう
・公開される前に手に入れなきゃ
といったところでしょうか。

コピーライティングには、物事を効果的に伝えるたくさんの要素があるので、その中から、あなたの日常生活に使えそうなとっておきの4つの魔法を紹介しましょう。

魔法①「YOUメッセージ」

あ、無意識に思わずひとつワザを使ってしまいましたね。
ひとつ前の文章ですが……
○その中から、あなたの日常生活に使えそうなとっておきの4つの魔法を紹介しましょう。

これ、最初はこう書きました。

×その中から、みなさんの日常生活に使えそうなとっておきの４つの魔法を紹介しましょう。

違いがわかりますか？「みなさんの」から「あなたの」に変えたのです。

これは「ＹＯＵメッセージ」という手法で、とにかく「あなた」をつけて呼びかけるだけで、伝える効果が上がるのです。

「みなさんの日常生活に使えそうなものをいくつか紹介しましょう」より「あなたの日常生活に使えそうなものをいくつか紹介しましょう」の方が、直接自分に問いかけられたようで心が反応しませんか？

人間というのはそういうものなのです。「あなた」と呼びかけられると、つい反応してしまうものなのです。

これはとても簡単で、効果の高い手法です。

×みなさん、ぜひ参加しませんか？
○あなたも、ぜひ参加しませんか？
×オレオレ詐欺が、財産を狙っています。
○オレオレ詐欺が、あなたの財産を狙っています。
×大丈夫ですか、頑張りましょう！
○あなたは大丈夫ですか、頑張りましょう！
×日曜日、食事に行きたいです。
○日曜日、あなたと食事に行きたいです。

どうですか？「あなた」が入るだけで、心に響いてきますよね。特に不特定多数に呼びかける場合などにぜひ使ってみましょう。

魔法②「素敵な未来を語る」

×ボクとつき合ってください！
○ボクとつき合ってください。夢のように楽しい毎日が待っているよ！

同じ告白するなら、後者の方が魅力的ではありませんか？（まぁ、語る人のキャラクターにもよるでしょうが）

人というのは、往々にして素敵な未来に心踊るものです。待ち受ける素晴らしい世界に思いを馳せ、それを手に入れるためには、多少の苦労もいとわないという気分になります。

なので人にものを伝える時は、その先に待つ素敵な未来を一言付け加えるようにしましょう。

×この書類5時までにお願いします。

○この書類5時までにお願いします。そのあと一杯飲みに行きましょう！

×@@社の契約とらないとな！

○@@社の契約とらないとな。とれたらうちの会社10年は安泰だぜ！

×帰りにお肉買ってきてね。

○帰りにお肉買ってきてね。ごちそう作ってあげるから！
×週末テニスしない？
○週末テニスしない？　汗かいたら爽快になるよ！
×そんなに食べちゃダメだよ！
○そんなに食べちゃダメだよ。摂生すると健康で長生き出来るよ！
×勉強しろよ。
○勉強しろよ。そしたらいい会社にも入れるし、お金持ちにもなれるぜ！

といった感じです。

ここでひとつ注意しておかなくてはいけないのは、こういうパターンの言い方をしてしまう人いますよね、これはダメです。

×勉強しろよ。そうじゃないと仕事にもつけないし、ホームレスになるよ！

といった「マイナスの未来を回避させる」方向で伝えることです。

「マイナスの未来」は、それを回避しようと語っているのに、強くマイナスのイメージを植え付けてしまい、伝えられた側のヤル気を削ぐのです。

まあ、そんな説明をしなくても……

〇勉強しろよ。そしたらいい会社にも入れるし、お金持ちにもなれるぜ！
×勉強しろよ。そうじゃないと仕事にもつけないし、ホームレスになるよ！

この違いは明らかです。

とにかく素敵な未来を一言付け加えましょう。どんな場合でも使えて、応用は広いです。

そしてこれを習慣的に使っていくと、周囲の人たちは、素敵な未来を見せてくれるあなたのことが大好きになり、あなたの言うことを、なんでも聞いてくれるようになりますよ。

魔法③「数字の強いエビデンス」

簡単に使えて効果が大きいのが「数字のチカラ」です。前にもお伝えしたとおり、数字でスペックのみ語ることはいけませんが（68ページ参照）、数字を入れることにより、あなたの話を信じる証拠（エビデンス）が生まれることは確かです。

結婚式では大定番である、「新婚生活で大切なのは３つの袋〜〜」という話も「３

つの袋」と宣言するから、聞く方の興味を引きつけるのですよね。「大切な3つの袋。給料袋（お金）、堪忍袋（許し合う）、胃袋（食事の団らん）」というやつです。

私の尊敬する大先輩である秋元康さんも、彼の企画書を見る機会が何度かありましたが、「時代は3つのCである」みたいな、数字を使った書き出しで読む側の心をつかんでいるものでした。

話に、文章に、数字を入れると、相手の心をつかむのです。

あなたの生活で最も応用が利くのは、プロフィールを書く時などでしょう。業績紹介などでも使えると思います。たとえば……

× 長年にわたり、あちこちのヨガスクールで学んだ技術を〜〜

なんだか、どのくらいスゴイのかよくわかりませんね。こうしたらどうでしょう？

○　8年間にわたり、12のヨガスクールで学んだ技術を～

グッと権威があるように聞こえますよね。

このように、数が出せる部分は、数字にします。

×　いままで、多くのお客様から感謝の声を寄せられました。

○　いままで、１００人以上のお客様から感謝の声を寄せられました。

×　世界のさまざまな国を旅して見聞を広め～

○　世界の15カ国以上を旅して見聞を広め～

×　ほとんどお金がない極貧生活を体験し～

○　１日１００円以下で生きなければいけない極貧生活を体験し～

プロフィールや、業績紹介以外でも、なんでも使えますよ。

×昨日、たくさん勉強したんだから！
○昨日、4時間以上も勉強したんだから！
×ここまで来るのに大変だったよ。
○ここまで来るのに、電車を3本も乗り継いで大変だったよ。
×今月も家計が厳しいのよ！
○今月も家計が厳しいのよ！　あと5000円しか使えないよ。

どうですか？　全然、効果が違うでしょう！

このように具体的数字を入れられる時は、必ず入れましょう。

魔法④「逆をくっつけると、なんだか気になる」

逆の意味の言葉をくっつけると、受け取る相手の心の中に違和感を生み出し、なんだか気になってしまう、という法則があります。

古今東西のヒット作から例を出すと……

○天才バカボン（え？　天才なの、バカなの、どっちなの？）
○やさしい悪魔（え？　悪魔なのに、やさしいってどういうこと？）
○あぶない刑事（え？　刑事なのに、なんで危ないの？）
○スケバン刑事（え？　刑事なのに、スケバンってどういうこと？）
○ホームレス中学生（え？　中学生なのに、ホームレスってどういうこと？）

どうですか、こんなカンジです。「逆の意味」といっても「重い・軽い」みたいな、単純な真逆ではなく、「逆の性質を持っている」「似つかわしくない性質を持っている」と考える方がいいでしょう。

この「逆の性質のものをくっつけると、なんだか気になる」の法則は、商品開発などでも使えます。

ではここで、エクササイズしてみましょうか?

「うどん」、これに逆の性質をくっつけて、なんだか気になる新商品を考えてみてください。いいですか。うどんが持っている性質に、逆のもの(別のもの、想定外のもの)をくっつければいいんですよ……。

やってみてください。

〈模範解答〉

・まっ黒うどん（うどんは白い。だったら黒くしてみましょう）
・紅白うどん（赤と白が混ざっているのも面白そうですね）
・超短いうどん（うどんの長さの常識を想定外にしてみましょう）
・切れてない１本うどん（まったく切れていない１本うどん。既にこんなヒット商品がありますよね）
・幅広１枚うどん（きしめんよりもっと太い、ハンカチサイズの板うどんだったら？）
・極細見えないうどん（逆に細くしてみましょうか。これじゃソウメンか？）
・冷やしうどん（もはや定番のヒット商品、温かいうどんを冷たくしてみる、これも逆の発想ですね）
・汁なしまぜうどん（汁をなくしてみるのもヒット商品ですね）
・麺なしうどん汁（逆に麺をなくしましょうか。これも大阪でヒットしている「肉吸い」ですよね）

このように「逆（想定外）をくっつけてみる」は、生活のどんなシーンでも使えます。

以上、4つの魔法を紹介してきました。これらの魔法は日常生活の会話だけでなく、スピーチや文章を書く時にも効果を発揮します。

文章を魅力的にするテクニックについては、次項で詳しく見ていきましょう。

魔法18

コトバは組み合わせを変えるだけで、魅力的になる

19

あなたの「文章」が10倍魅力的になる秘訣

人を動かす文章の３つのポイント

ＷＥＢ上で自分を表現する機会が格段に増えています。ほとんどの人が、ＬＩＮＥ、Ｆａｃｅｂｏｏｋ、ツイッター、など複数のサービスを使い、日々さまざまな投稿をしています。

あなた自身の考えや感情、日常などを、文章で表現する機会には、ぜひ素敵に伝えたいものです。そんなときに役立つ３つのポイントをお教えしましょう。

魔法①「感情を強くする」

面と向かって言葉で伝えるのと違い、文章で伝えるのは、ともすると無味乾燥になりがちです。表情や言葉の温度が伝わらないので、受け取る相手にあなたの気持ちが、きちんと伝わらないことが多いです。

ですからメールやＷＥＢ上で文章を書く時は、少し感情を強めに出してちょうどいいのです。

大切な人に「会いたい」と気持ちを伝える文章を書く時のエクササイズをしましょう。

〈基本〉

・会いたい

さあこれだけでは、大切な人を思うあなたの熱い気持ちがちゃんと伝わりませんよ。
文章を魅力的にしてみましょう。

では、いくつかの模範解答をお教えしましょう。

・会いたい！（「！」をつけるだけで文章は強くなります）
・会いたいっ（小さい「っ」も、感情が表現出来ますね）
・会いたい〜〜〜（「〜」も、強く思ってる様子が出ます）
・会いたい〜〜〜っ！（３つの方法をミックスしてもいいでしょう）

「会いたい」の前に、なにかつける方法もありますよ。

・ああ、会いたい（感嘆詞「ああ」をつけるのは定番ですね）
・はぁ〜、会いたい（心のため息「はぁ〜」もいいですね）

・ふぅ、会いたい（「ふぅ」なんてパターンもありますよ）
・もう〜、会いたい（「もう〜」も、感情が表現出来ますね）
・バカ！　会いたい（彼女からこんなこと言われたら、すぐ飛んでいってしまいますね）

文字に感情を込めるコツ、掴めたでしょうか。

ここで、こんな考察もしてみましょう。この3つの違いが感じ取れますか？

「会いたい」
「あいたい」
「逢いたい」

言葉としては同じことを言っているのに、表記の仕方で感じる感覚が全く違いませんか？　心の感度を上げてもう一度見てください……、ほら違いますよね？　少し解説してみましょう。


「会いたい」……これが通常バージョンですね。

「あいたい」……なにか少し柔らかくて、感情があらわになった気がしませんか。

「逢いたい」……これは少し文学的というか、大人の逢瀬をイメージさせますよね？　どうですか？

魔法②「怒っている」と誤解されないための秘訣

文章というのは、ともすると冷たく感じるものです。面と向かって言葉で言われたなら、表情などでわかりますが、文章では感情を推測することができません。たとえばこんなことをメールで伝えられたらどう感じますか？

・至急お願いします。
・それで大丈夫ですか？
・今回は中止しましょう。
・その金額では難しいです。
・5時までにやってください。

なにかちょっとイヤな気分になりますよね？　断りやお願いや注意などの文章は、相手に「怒っているんじゃないか」と感じさせるものです。

それを回避する方法は簡単です。こう書き換えたらどうでしょう。

・至急お願いします～
・それで大丈夫ですか～？
・今回は中止しましょう～

・その金額では難しいです～
・5時までにやってください～

どうですか、ずっと柔らかくなりませんか？　相手が恐縮しながら笑顔で言っている様子が思い浮かびますよね。このように「～」を最後につけるだけで、好意的な感情が伝わるのです。

魔法③「いいね」をたくさん押される投稿のポイント

ＷＥＢ上で、あなたの日常を綴った投稿、できれば多くの人に見てもらいたいですよね。そしてコメントや「いいね」を、たくさんもらえると嬉しいですよね。ちょっとした工夫で、今までと同じことを書いていても、反応がとてもよくなる方法があります。たとえば、こんな投稿はどうでしょうか？　よくない例です。

「昨日、大学のゼミ友達と渋谷に行って、センター街をぶらぶらしていたら、新しくオープンしたラーメン屋があって〜〜〜」

なにが言いたいのかよくわからない投稿ではありませんか。「大学のゼミ」の話をしたいのか、「渋谷のセンター街」の話をしたいのか、「ラーメン」の話をしたいのか、なんの話が始まるのかわかりにくいですよね。

そもそも投稿の記事などは、最初の1〜2行しか読んでもらえません。あなたもそうではないですか。最初の1〜2行をチラッと読んで、興味が持てそうならその続きを読むでしょう？　だから投稿は最初が命なのです。

だから必ず「タイトル」を付けてください。

それだけで読まれる率がグンとアップしますよ。タイトルがあるだけで、こんなに雰囲気が変わりますよ。

〈すごいラーメン屋発見〉

「昨日、大学のゼミ友達と渋谷に行って、センター街をぶらぶらしていたら、新しくオープンしたラーメン屋があって〜〜〜」

ほら、文章は同じでも全然印象が違い、読む興味がわく投稿になっていませんか。「なんだかすごいラーメンの話が始まるんだ」と最初からわかってもらった方が、絶対に読む人を引き込めます。

そして、タイトルの付け方でも文章を魅力的にすることができます。ではエクササイズしてみましょう。このタイトルをもっと魅力的にしてみてください。

・すごいラーメン屋発見

では模範解答いきますよ。

これは情報番組や、ワイドショーを作る時に使う手法です。番組では必ず企画にタイトルをつけます。それは視聴者に興味を持ってもらい、そしてどんな内容なのかを一瞬で理解してもらうためです。その際よく使う手法が「感動！」をつける作戦です。

× ラーメン屋特集
○ 感動！　ラーメン屋特集

どうですか、絶対に後者の方が面白いような気がしませんか。内容はよくわからなくても「感動！」がついているだけで興味がわきませんか。実際に「感動！」をつけるだけで、視聴率も上がるんですよ。

このように情報番組やワイドショーでは、タイトルを魅力的にする知恵が、昔から脈々と受け継がれているのです。その本当なら門外不出の「タイトルを魅力的にするワード」をここでこっそり教えちゃいましょう。

・感動！　すごいラーメン屋発見
・仰天！　すごいラーメン屋発見
・シンジラレナイ！　すごいラーメン屋発見
・まさか、すごいラーメン屋発見
・驚きの、すごいラーメン屋発見
・最後の、すごいラーメン屋発見
・かつてない、すごいラーメン屋発見
・史上最強、すごいラーメン屋発見
・ここだけの話、すごいラーメン屋発見
・こっそり教える、すごいラーメン屋発見

どうですか、どれも魅力的に感じるでしょう?

これは本当にテレビ番組制作の現場で使われているマジックワードたちなのです。

あなたのタイトルにも、これらのワードを遠慮なくくっつけちゃってください。と

たんに興味を引き、いいね、もたくさんつくはずですよ。

魔法19

マジックワードを使えば、あなたの文章は魅力的になる

20

たった1行で相手を虜にする「メールテクニック」

「書き出し」の1行で相手と親近感を構築する

私の友人であるMさんはビジネスプロモーターという仕事をしています。セミナー講師や著者など、コンテンツホルダーを売り出す仕事です。

多くのクライアントを顧客にして、大型のプロモーションを年間何本も成功させ、年商は1億円を超えます。そんな彼を成功させている要素が「メールの伝え方」なのです。

日常業務のメールの書き出しですが、あなたはこんなふうに書いていませんか？

「○○の件、お世話になっています。概要がまとまりましたのでメール差し上げます〜〜〜」

これでは伝え方がイマイチです。普通のメールでは普通の仕事しか生まれませんよ。
年商1億円のMさんは、メールの冒頭に「ある内容」をつけて伝えるのです。
さあ、あなたも考えてみてください。
正解できたら1億円も夢じゃないかもですよ。

（正解は次のページへ）

〈正解〉

「週末は子供の運動会で、親子競技で思い切りコケたMです。
さて○○の件、お世話になっています。概要がまとまりましたのでメール差し上げます〜〜〜」

冒頭に日々の近況を1行加えるだけなのです。
たったこれだけで、相手の反応が劇的に変わります。ただの無味乾燥なメールに、発信者の体温が宿るのです。

「親近感構築」です。

発信者が、ただの仕事相手ではなく、友人だと思えてくるのです。親近感が構築出来れば、ビジネスだけでなく、どんな人間関係もうまくいくことは簡単に想像出来ますよね？　なんでもいいのです。あなたの体温を伝える1行を加えましょう。

・先日の夜、映画「となりのトトロ」を見て、思わず号泣してしまいました。
・今日はいい天気だったので、近所の河原を少し走ってみました。
・街で別れた彼女を見かけたけど、声がかけられませんでした。
・昨日は送別会、友の門出にいつもより飲み過ぎてしまいました。

などなど、なんでもいいのです。あなたの人間味が伝わる1行を書きましょう。出来るだけ感情的な出来事の方がいいですね。簡単でしょ？　あなたにもすぐ出来ますよね？

私は日頃から「自分を伝えよう」と提唱してます。私自身も、メルマガ、フェイスブック、ＹｏｕＴｕｂｅ、ツイッター、で毎日発信しています。内容は同じでもいいのです。

とにかく、あなたを広く伝えて、多くの人と「親近感構築」をしていくことが大切なのです。そうすることによって、あなたのことを応援してくれる友達を日本中に作りましょう！　ほら、人生が楽しくなってきますよ。

メールの最後で相手をファンにする秘策

私が理事を務める社団法人のひとつに「日本ビジネスプロモーション協会」があります。そこのデスクの女性で、キラリと光る小技を使う彼女がいます。

それはメールの最後に、ある1文を必ず添えるのです。そのメールを読むと、彼女の心遣いが伝わり、ほっと心が安らぎます。ぜひ、あなたも真似してみてください。

「今日1日が、〇〇さんにとっていい日でありますように……」

魔法20

メールの1文で相手との距離を縮めよう

第5章

仕事で結果を引き寄せる伝え方の魔法

21

お客様があなたから一生買い続けてくれる魔法の伝え方

「商品を手に入れた先に待っている素敵な未来」を伝える

お客様を相手にする商売をしている方なら、「絶対に知っておいた方が得！」の伝え方をお教えします。

それは、商品を売る時は、「商品の機能やスペック」ではなく、「商品を手に入れた先に待っている素敵な未来」を伝える、ということです。

お客様は商品は欲しくない

なぜなら、お客様は「商品を手に入れた先に待っている素敵な未来」が欲しいのであって、「本当なら商品自体は不必要なもの」だからです。

お金を払って手に入れるのは、痛みを伴います。出来ればしたくないのです。
でもその商品を買った先にある素敵な未来は、とても魅力的なので手に入れたい。
なので仕方なくお金を払って物を買うのです。

これがわかっていると、物を売る時、お客様への伝え方がまったく変わってきます。

×　●●機能でダイエット効果抜群です。
○　これでダイエットに成功して、素敵な恋をしよう！
×　注目の投資です！　あなたの資産を増やしましょう。
○　この投資で資産を増やし、奥さんやお子さんを笑顔にしましょう。

× ●●成分で、肩の痛みが消えます。
○ これで、お孫さんに自信を持って「高い高い！」をしてあげられますよ。

といった具合です。要領がわかりましたか？
商品の機能やスペックなど極論するとどうでもいいのです。その商品の先にある素敵な未来、楽しい毎日を語ることにより物は売れていくのですよ。

魔法 21

商品の先に待つ素敵な未来を語ると売れる

22

「店長サトミのオススメ！」で体温を感じさせる

顔が見えるコメントがモノは売れる

モノを買う時、あなたは何を基準に選びますか？

価格、品質、機能、デザイン性、耐久性、信頼度、アフターサービス、レア度、さまざまな要素がありますね。

そんな中、いまマーケティングの世界で注目されているのが「オススメコメント」というやつです。

商品のパッケージやポスターに直接印刷されているものもありますし、ネットのショッピングサイトに載っているコメントも見たことがあるでしょう。

また、書店や量販店、スーパーなんかの商品棚に貼られているＰＯＰなんかも、古くからある「オススメコメント」ですよね。

ではここで質問です。

次の3つの「オススメコメント」のなかで、あなたが一番買ってみたいと思うのはどれですか?

・「いまオススメ!」ビューティ飲料水
・「美容協会がオススメ!」ビューティ飲料水
・「店長サトミのオススメ!」ビューティ飲料水

3つとも中身はまったく同じ商品なのに、伝わり方が全然違ってくるでしょう。

最初の「いま」というやつは何だかよくわからないので問題外としても、「美容協会」と「店長サトミ」では、どっちが買ってみたいと感じますか? ちなみに現在の傾向として売れ行きの高さを比較すると、こういう結果になります。

× 「いまオススメ！」
△ 「美容協会がオススメ！」
○ 「店長サトミのオススメ！」

面白いことに「美容協会」よりも「店長サトミ」の方が効果が高いんですね。

なんだかよくわからない団体よりも、いま確実にそこにいる店長さんからオススメされた方を人は選ぶものなのです。

いわば「権威より個人」の方が説得力があるというわけですね。

これはネット社会が発展するにつれ強くなってきた気がします。

ありとあらゆる情報が簡単に手に入る時代だからこそ、何だかよくわからない、得体の知れないものより、親近感があって人の体温を感じられるものを求めるのかもしれません。

注文したくて仕方なくなる魔法のＰＯＰ

この流れは全国の本屋さんにも広がっていて、ＰＯＰのオススメコメントに力を入れるところが増えてきているようです。

有名なところでは、紀伊國屋書店スタッフが毎年選ぶ「キノベス！」や、日本全国の書店員がいちばん売りたい本を選ぶ「本屋大賞」なんかがありますよね。

地方でいえば、岩手県盛岡市にある「さわや書店フェザン店」のスタッフによる熱のこもったＰＯＰがよく話題にあがります。読者の目線から書かれたていねいな書評を目当てに訪れるお客さんも多いんだそうです。

なかでも私が最も注目しているのは、北海道にある「いわた書店」という小さな本屋さんのあるサービスです。

それは、社長の岩田徹さんが始めた「一万円選書」というもの。

利用者から、職業や最近読んだ本とその評価、よく読む雑誌などを尋ねるアンケートをとって、それを元に「1万円分のオススメの本」を送ってくれるというもので、これが今爆発的な人気を博しているのです。

人はついつい同じ作家や似たような本ばかりを選びがちだったり、たまには違う本を読みたいけど、どれが面白いのかわからないという隠れたニーズに目をつけたんですね。

岩田社長による「本人なら絶対に手に取らないだろうけど、満足してもらえる本を選ぶ」「あえて同じ系列の本は選ばない」「なぜこの本を選んだのかを記した手紙を添える」というこだわりも大いにウケていて、クチコミで

「さわや書店フェザン店」のPOP

全国から注文が殺到。あまりの人気ぶりから現在では年に数回の抽選方式になっているそうです。

まさに「権威より個人」のオススメが効く事例のひとつといえるでしょう。

あなたもぜひ、あなたのオススメを、あなたの声で語ってください。

魔法22

顔の見えない権威より、身近な個人のオススメを人は喜ぶ

23

会議であなたの意見が採用される伝え方

一番えらい人の意見に乗っかる裏ワザ

日本の企業はまだまだタテ社会です。

いくら「いいアイデアはどんどん吸い上げる」などと言っている会社でも、下っぱ社員の意見はなかなか採用されません。昔からの悪い慣習に悩まされている若い世代も多いことでしょう。

勇気を持って発言したのに、会議であなたの意見が採用されないのは悲しいですよね。自分では悪くない意見だと思ってるのに、理解されなかったり、無視されたりすると、やる気がなくなってきます。

逆に、会議で意見がバンバン採用され、みんながあなたに一目置くようになったら、気分いいですよね。毎日会社に行くのが楽しくなりますよね。

ここでは、ちょっとした発言の仕方で、アイデアの採用率ががぜん高くなる伝え方の魔法を教えましょう。

上司の意見を利用する

まずは、その会議の主導権・決定権を持つ人を見極めます。

たいていは、一番上の役職にある上司でしょう。

その上司の発言をじっくりと聞くことです。

その人がどんな考えを持っているのか？　それを把握した上で、自分と共通する部分を見つけられれば、あとはこう伝えるだけでいいのです。


「部長がおっしゃるように、やはり○○○だと思います。

ですから私は、△△△というのもひとつの方法だと思います」


おわかりですか？

〇〇〇の部分は、上司が言ったそのままの意見です。

その上で、あなたが本当に言いたい△△△の意見を伝えるのです。いわば「虎の威を借る発言法」といえるかもしれませんね。

たとえば、

「部長がおっしゃるように、やはり〝愛される企業であることは重要〟だと思います。ですから私は、〝会社のまわりをみんなで掃除する〟というのもひとつの方法だと思います」


といった感じです。

こうすれば、あなたの意見は誰も否定することができません。だって否定することは、部長の考えを否定することになりますからね。

そして部長も、自分の意見を尊重してくれたことに心から感謝し、あなたを可愛がってあげようという気持ちを持ってくれるかもしれません。

魔法23

上司の意見に上手く乗っかると、誰もあなたを否定できない

24

部下をその気にさせる伝え方

部下の気持ちに寄り添い、気持ちよく働けるようにする極意

仕事が出来るビジネスマンの条件のひとつに「部下をうまく活かすこと」があります。どんなに優秀なビジネスマンでも、部下や後輩社員をうまく活かせないようでは、仕事が広がりません。

逆に言えば、部下の活かし方ひとつであなたの仕事の成功はどんどん大きくなり、収入を増やすことも出来るということです。

自分ひとりでバンバン仕事をこなす経営者のことを「ワンマン社長」などと言いますが、そう評される人こそ部下の活かし方がうまかったりするんですね。いずれにせよ、成功者と呼ばれる人は必ずそうしたテクニックを身に付けています。

ここでは、特に有効なやり方を「初級・中級・上級」の3編に分けてご紹介していきます。ぜひあなたも、この機会にマスターしてみませんか。

【初級編】部下の責任感を自然と高める魔法の言葉

まずは最も初歩的なテクニックから。なにか簡単な仕事、たとえば書類のコピーを部下にやってもらうケースを考えてみましょう。たぶん普通の人はこんな感じでしょうか……

「コピー、お願い」

まあ普通ですよね。とりたてて問題がないようにも思えますが、私ならこうします。

「山田くん、コピー、お願い」

そう、頼む前に部下の名前を呼ぶのです。

実は、**自分の名前を呼ばれた部下は、自然にその仕事に対して「目には見えない責任感」を抱くようになるのです。**呼ばれた自分の名前と依頼された仕事とを結び付け「これは私にしか出来ないことなんだ」という気持ちを持つようになるのです。

潜在意識に働きかけ、少しずつ責任感を高めていく伝え方です。

時間はちょっとかかりますが、部下が見ちがえるように成長していきます。

【中級編】会議の効果を10倍にする魔法の伝え方

部下に責任感を持たせることが出来たら、次は何をすべきでしょうか？　もちろん、仕事の「質と量」をレベルアップさせる、ですよね。

そのために用いるのは「評価と期待」というテクニックです。

「定例会議の始めと終わり」でこの言葉を使うと部下の目が輝いていきますよ。

〈会議の始め〉
上司「今週やったことを教えて」
部下「○○が完了しました」
上司「さすが、やっぱり出来たな。おめでとう！」

〈会議の終わり〉
上司「来週はどんな予定？」
部下「△△を進めることになっています」
上司「そうか。君なら出来るよ、頑張ろう！」

おわかりいただけますか？　これが「評価と期待」です。
部下の仕事をきちんと「評価」してあげて、この先の仕事への「期待」を伝える、というものです。とても簡単でしょう。
実は部下が上司に対して抱えている不満には、「せっかく一生懸命頑張ったのに、正当な評価が下されていない」という意見が多くあるんですね。そういった不満をなくした上で次の仕事への期待を示せば、部下の働きをレベルアップさせられるんです。評価されて、期待されているのに、サボったりグチを言う部下はいませんよね。

【上級編】部下をその気にさせる魔法の伝え方

最後にご紹介したいのは、部下への「面倒な仕事を依頼する」伝え方です。これがなかなか上手に出来る人がいないんですね。しかし部下のためにも、面倒な仕事をこなさないことには、仕事の幅が広がるハズもありませんし、ましてや成功を手にすることなど夢のまた夢です。

どうですか、あなたは面倒な仕事を上手に依頼することが出来ていますか？

まさか、こんなふうにやってはいないでしょうね……

「悪いんだけど、やってくれる？」

こんな頼み方は絶対ダメですからね。ただでさえやりたくない仕事なのに、「悪いけど」なんてマイナスなイメージの言葉を入れてどうするんですか。しかも、言葉の数が少なすぎます。こうやって頼んだらどうでしょう。

「どう、ヒーローになってみない？　これ、難しいからダメ元でもいいんだけど、仕上げちゃったらヒーローだな〜。ハッキリ言って、他のヤツじゃ無理なんで、トライしてみてくれないかな？」

いかがです、何だかやる気になってきちゃったでしょう。

ポイントは、悪い見本の真逆、つまり「プラスなイメージの言葉（ヒーロー）」を会話の中にチラつかせながらも、「さほどプレッシャーを感じさせない（ダメ元でい い）」、しかも、「自尊心をくすぐる（他のヤツじゃ無理）」が、正解のやり方なんです。

世の上司と呼ばれる方々の中には、こんなふうにせず、部下をひたすらに追い込みながら「これぐらい、やるのが当然だろ！」と頼む人もいるようですが、それでは精神衛生的によろしくありません。面倒な仕事を力づくでさせられる方は、なにを喜びに頑張ればいいのでしょうか？　それじゃ、ただのブラック企業ですよね。

最も大切なのは、依頼される部下の気持ちに寄り添うこと。

本当はやりたくない、面倒な仕事を任される痛みを、ちょっとだけでも軽減してあげることなんですね。

誰だって本当は気持ちよく仕事をしたい。そこを、上手にくすぐってあげることが出来れば、あなたにも「部下をその気にさせる」ことは可能なのです。

魔法 24

部下を認め気分をアゲさせると、あなたはヒーロー上司になれる

部下をその気にさせる伝え方とは？

●伝え下手の上司

●伝え上手の上司

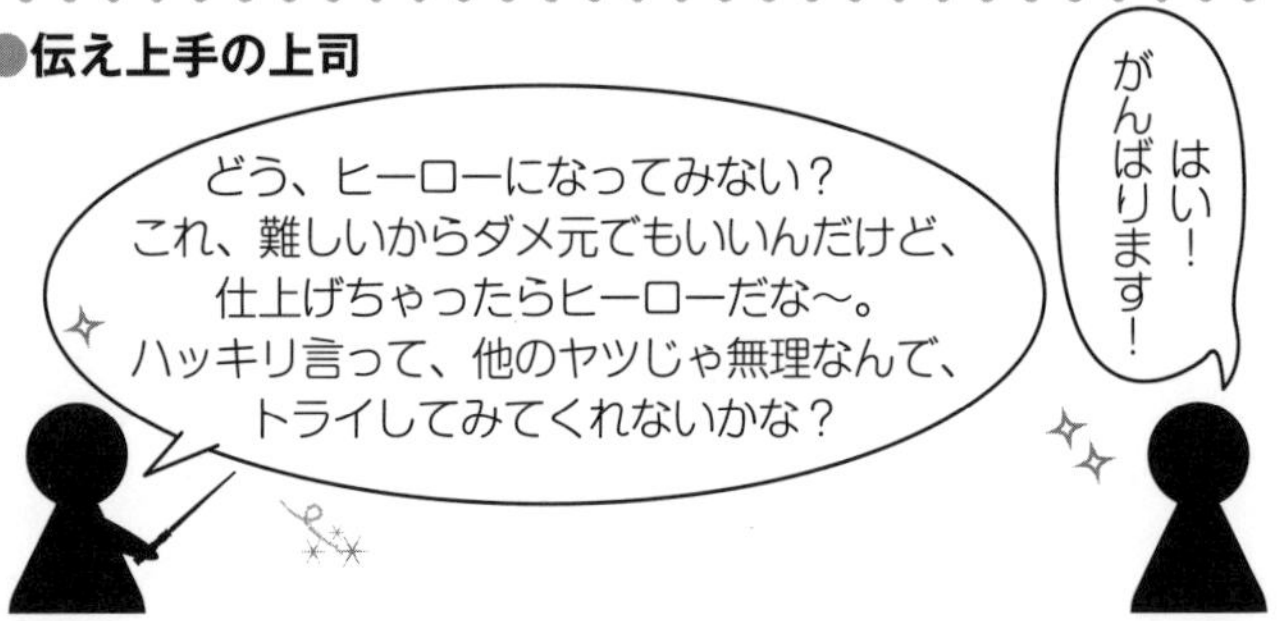

- ☑ プラスなイメージの言葉（ヒーロー）を
- ☑ プレッシャーを感じさせない（ダメ元でいい）
- ☑ 自尊心をくすぐる（他のヤツじゃ無理）

部下の気持ちに寄り添い、「痛み」を軽減する

25

タモリさんに学ぶ「人を育てる伝え方」

頭ごなしに否定しない

タモリさんには本当にお世話になりました。

私がまだカケダシの放送作家だった頃から「笑っていいとも！」をやらせていただき、その後も「ジャングルＴＶ～タモリの法則～」「タモリのグッジョブ！胸張ってこの仕事」など、さまざまな番組を担当させていただきました。

そんな中で、タモリさんから多くを学んだのですが、中でも印象的だったのは**「人を育てる伝え方」**でした。

番組の新コーナー案を、司会であるタモリさんにプレゼンに行くんですね。若手のディレクターと、当時の私のような若手の作家とで、気合いを入れた企画を持って、満を持して許可をいただきに行くのです。
そんな時のタモリさんの答えはいつも同じなのです。

「いいんじゃない、やってみよう」

若手が考えたのですから、つたない企画もあります。でも「やってみよう」と言ってくれるのです。これが、タモリさん流の人を育てる伝え方だったと気づいたのは、そのだいぶ後でしたが……。

つまり「チャンスを与え、学びの場を作ってくれる」のでした。

タモリさんほどのベテランになれば、企画を聞いただけでその欠点や、落とし穴には気づいているはずです。でも、それを最初から指摘して企画を潰してしまっては、若手になんの気づきも与えられないのです。

頭ごなしに否定されたら「ホントにそうかよ、お前の言っていることが合っているのかよ」と、反発さえしたくなります。

そしてＯＫが出た企画をやってみるとわかるのです。「ああ、オレたちの企画は欠点があったな。これはマジで考え直さないといけないぞ」……と。

そこに、学びと発見があり、テレビマンとしてのスキルアップが生まれるのです。

そして、もちろんそこにはタモリさんの自信があったでしょう。

「どんな欠点がある企画だって、オレが放送出来るレベルに面白くしてやるぜ。だからお前らは縮こまらないで、大胆に試してみろよ」という、親心だったと思います。

この件に関してタモリさんと直接話したことはないですが（そんなことを面と向かって聞くのは粋じゃありませんから）、多分そうだったと私は感じています。


あなたは大丈夫でしょうか？

若手や後輩の意見を、頭ごなしに否定するような伝え方をしていないでしょうか？

家庭だったら子供の話を「そんなのダメに決まってるでしょ！」と突き放したりしていませんでしょうか？

とにかくチャンスを与えてあげましょう。

そしてそこにこそ、本当に気づきと学びがあるのです。
ぜひ、タモリさんの伝え方
「いいんじゃない、やってみよう」
参考にしてみてください。

魔法25

相手を否定せずにトライさせる伝え方を！

おわりに

いかがでしたでしょうか「伝え方の魔法」。

ここまで読まれたなら、もうあなたも魔法が使えるはずです。それを使って、毎日の生活を、仕事を、人間関係を、そして人生を、楽しくしていきましょう。

ほんのちょっと伝え方を工夫するだけで、それが出来ることがわかりましたよね。


余談になりますが、私の奥さんとは20年来の夫婦生活になります。それは最初の頃は「あいしてる！」なんて、真顔で言っていましたよ。でも、子供も3人も出来て、歳月も重ねると「あいしてる！」なんて、恥ずかしくて言えないですよね？　多くの日本人がそうじゃないでしょうか？

そんな時も伝え方の魔法が役に立ちます。

「あいしてる」は言えないけど、「ありがとう」は、言えますよね。そうなんです「あいしてる」を「ありがとう」に変えるだけで、まあそれなりにうまくいっています。
そういうことです。

言葉や文章には、あなた自身が映し出されます。言葉には魂がある――「言霊」、なんてことも言いますよね。

この「伝え方の魔法」を知っていただき、日頃ちょっとおろそかに、あまり考えずに使ってしまう言葉と文章に興味を持っていただけたら幸いです。

そして、言葉を使うのが、いままで以上に楽しくなってもらえれば、私も作家冥利に尽きるというものです。

安達　元一

読者限定
3大無料プレゼント!

ここまで読んでいただいたあなたに、感謝の気持ちを込め、
3つのプレゼントを用意しました。ぜひ受け取ってください。

1.『あの有名人100人の【伝え方の魔法】一瞬で心つかまれるエピソード大全集』(PDF)

本編では収録しきれなかった有名人の伝え方エピソード。
北野武さん、明石家さんまさん、中居正広さん、矢沢永吉さん、林修さん、坂上忍さん、福原愛さん、ダルビッシュ有さん、小池百合子さん、ビル・ゲイツ、ドラえもんなどなど、100人の魔法の伝え方を収録!

2.『人もお金も引き寄せる伝え方の魔法 動画講座』

安達元一自身がこの本の重要なエッセンスを、こぼれ話も含めて語りました!

3. 出版記念企画「安達元一おごり! 無料飲み会」に参加しませんか?

私のおごりです。一緒にガッツリ飲みましょう!
ぜひ会いに来てください!

詳細は「安達元一公式サイト」へアクセスください。

http://www.adachimotoichi.com

もしくは

安達元一　アイデア工学 で検索

※特典の配布は予告なく終了することがございますので、予めご了承ください。
※動画はインターネット上のみでの視聴になります。予めご了承ください。
※「無料飲み会」は定員に達した場合、参加をお断りする場合があります。また期日が過ぎていた場合の保証はできません。交通費などはご自身でご負担ください。

Special Thanks

ありがとう

東倫衣 松下さちこ 金山隆夫 鈴木真一朗 櫻木由紀 宇佐佳奈 藤原たかき 永井豊大 恩田克己 齋藤隆 照井伸吾 寺島大輔 竹川直樹 かわべゆういち マスクドナポリタン 大森もと子 荻原孝宏 脇勇一 大嶋孝充 村瀬清孝 ネモトケンシロウ 古閑敏明 清川晃也 浦山幸純（トム）園生彩 佐々木昇 川原麻弓 本橋辰哉 藤田守生 日詰道子 田中羅山 ナリタカズキ 新川重和 山之内康介 高山京子 藤原裕子 重松雄子 守下高志 松岡美佳 赤井泰斗 HOSHIKAWA NORIHIRO 藤弓眞千 広瀬香里 山下春樹 山本正平 東海等 愛咲花音 岩崎央 越路あずさ 中筋大輔 本山 nackey ナオト 櫻井文人 Mori Sae 村松康義 兒玉裕司 藤枝貞治 黒岩倖光 佐倉賢亮 山内勝哉 石井貞年 福田美佳 砂川陽俊 川口敏男 中里昭一 須田道雄 播磨慎也 関口和生 武藤晃 松依五三 大曽根優子 鈴木麻美 飯島瑶子 山本喜成 長澤赳志 岡紀代美 片見礼子 西村万美 福冨純一 津田陽子 杉山賢一 榊瑠璃 外山雅人 安達孝仁 亀井仁 ミラクル田中 大久保かおり 本橋辰哉 渡辺洋史 吉田次郎 吉良浩明 三谷麻世 林征由葵 藤原剛 土井智喜 末広大喜 清水勇磨 フジタユミ 花木梨圭 U T ひやま八重 中川由紀子 土屋昌也 角田隆志 D.ZOMBIE 館長 花上弘昭 石渡剛一 石渡恵子 鹿糠郁美 高辻結希 石川えみ子 落合政文 財満正志 澤田祥江 大久保柾幸 辻直哉 内田裕介 武知史人塾長 国文英辞郎 神谷さよ 堀真悟 大坪イサム 小倉徹 原田幹夫 須堂さな 中野なおこ キャロライン浩子 桑野繁子 武蔵直樹 岡田大助 宮辻友和 国城辰彦 藤田佳子 生方和弘 深堀泰弘 飛山学 吉 望月葵 斎藤悠 立野貴成 青木光弘 宮窪祐一 須永学 阿曽貴司 鈴木秀彦 小林一位 野口うたし 今村治樹 y ryu 梶原几 masa masa 土屋絵理 土井智喜 宝田直樹 畠山裕康 佐々木一郎 A Yachiyo Seiko Fujioka 井上麻理子 藤本新吾 遠近教一 飯島昇義 OSONE YUKO サワヒロ 美月アンジェリカ 竹中洋介 なかだゆきひろ 小林淑子 小林正樹 あらいちか はしもとよしつな 奥野さわこ 大澤邑充子 月野ヨーコ（順不同・敬称略）

【著者紹介】

安達 元一（あだち・もといち）

1965年群馬県生まれ。早稲田大学社会科学部卒。東洋大学大学院工学研究科博士課程在学中。

「踊る！さんま御殿!!」「奇跡体験！アンビリバボー」「SMAP × SMAP」「笑っていいとも！」「とんねるずのみなさんのおかげでした」「ダウンタウンのガキの使いやあらへんで!!」「ぐるぐるナインティナイン」「１億人の大質問!?笑ってコラえて！」「24時間テレビ 愛は地球を救う」「FNS27時間テレビ みんなのうた」「ドラえもん」「がんばれ！おでんくん」など、多数のヒット番組を構成してきた放送作家。１週間の担当番組の合計視聴率が、200%を超えたことから「視聴率200%男」の異名を持つ。小説家や原作者としても活躍し、小説デビュー作『LOVE GAME』（幻冬舎）はドラマ化、原作の絵本『ソッキーズ 女神の天秤の謎』（幻冬舎）はNHKでアニメ化される。

25年間最前線で人気番組、人気者、ヒット商品を手がけていく過程で、同じ内容でも伝え方ひとつで結果が変わることに気づく。同時に夫婦や親子、恋愛、友人関係などプライベートの場面でも、伝え方を少し変えるだけで円滑に行くことを発見。それらの「伝え方の技術」を厳選したエッセンスが、本書で紹介する“伝え方の魔法”である。

著書には、『視聴率200%男』（光文社）、『アイデアを脳に思いつかせる技術』（講談社）、『新「伸びる人」の条件』（フォレスト出版）、『７年手帳』（ディスカヴァー・トゥエンティワン）、『優しい会社』（神田昌典氏と共著）、『脳のリミッターを外せ！』（苫米地英人氏と共著）、『「できる人間」を目指すなら、迷うのはやめよう』（本田直之氏と共著）、『伝説のキャバ嬢コンサルタント舞ちゃんの世界一たのしい社長の教科書』（岡本吏郎氏と共著、以上アスコム）、『ワタシ怖いくらい前向きです』（ポプラ社）など多数。受賞歴は、第42回ギャラクシー賞大賞、国連平和映画祭2007特別賞、第49回国際エミー賞受賞。

ブックデザイン：中西 啓一（panix）

人もお金も引き寄せる 伝え方の魔法

2016年12月23日　第1刷発行
2017年 2 月25日　第2刷発行

著　者　安達　元一
発行者　八谷　智範
発行所　株式会社すばる舎リンケージ
〒170-0013　東京都豊島区東池袋3-9-7　東池袋織本ビル１階
TEL 03-6907-7827　FAX 03-6907-7877
http://www.subarusya-linkage.jp/
発売元　株式会社すばる舎
〒170-0013　東京都豊島区東池袋3-9-7　東池袋織本ビル
TEL 03-3981-8651（代表）　03-3981-0767（営業部直通）
振替 00140-7-116563
http://www.subarusya.jp/
印　刷　ベクトル印刷株式会社

落丁・乱丁本はお取り替えいたします

ISBN978-4-7991-0528-3